Histoire des arts

CYCLE 3

Jacky Biville
Conseiller pédagogique en arts de la scène

Christian Demongin
Professeur agrégé de lettres modernes, formateur en IUFM

Hervé Thibon
Professeur agrégé d'arts plastiques, formateur en IUFM

avec la collaboration de Roselyne Le Bourgeois
Maître de conférences en histoire, formatrice en IUFM

Sommaire

De la préhistoire à l'Antiquité — 4

- Premières sculptures — 6
- Premiers modelages — 7
- Premières peintures — 8
- Premiers objets — 9
- Premiers monuments — 10
- L'art du métal chez les Celtes — 11
- La naissance du théâtre — 12
- Les pièces de théâtre grecques et romaines — 13
- La littérature grecque — 14
- La musique chez les Grecs et les Romains — 15
- La céramique grecque — 16
- La sculpture grecque — 17
- L'architecture civile gallo-romaine — 18
- L'architecture religieuse gallo-romaine — 19
- L'habitat gallo-romain — 20
- Les mosaïques gallo-romaines — 21

Le Moyen Âge — 22

- Les fortifications médiévales — 24
- L'architecture religieuse chrétienne : l'art roman — 25
- L'architecture religieuse chrétienne : l'art gothique — 26
- L'architecture religieuse musulmane — 27
- Les synagogues en Europe médiévale — 28
- La littérature au Moyen Âge : les romans — 29
- La littérature au Moyen Âge : fabliaux et poèmes — 30
- Les tapisseries — 31
- La musique médiévale — 32-33
- Les spectacles médiévaux — 34
- Le théâtre médiéval — 35
- La peinture et la sculpture gothiques — 36
- Les manuscrits enluminés — 37

Les Temps modernes — 38

- La peinture et la sculpture au XVe siècle — 40
- La peinture et la sculpture au XVIe siècle — 41
- La poésie de la Renaissance — 42
- Objets d'art et costumes de la Renaissance — 43
- La musique de la Renaissance à l'âge classique — 44-45
- L'architecture de la Renaissance française — 46
- La littérature au XVIIe siècle : fables et contes — 47
- Le théâtre au XVIIe siècle — 48
- La peinture intimiste des XVIIe et XVIIIe siècles — 49
- L'art baroque — 50
- L'art classique — 51
- L'art des jardins aux XVIIe et XVIIIe siècles — 52
- Les places royales aux XVIIe et XVIIIe siècles — 53

© Editions Nathan, 25, avenue Pierre-de-Coubertin, 75013 Paris - 2009
ISBN : 978-2-09-122119-9

Sommaire

Le XIXe siècle — 54

- Romans et nouvelles au XIXe siècle — 56
- La poésie au XIXe siècle — 57
- La musique au XIXe siècle — 58-59
- La danse classique — 60
- Le théâtre au XIXe siècle — 61
- La musique folklorique et traditionnelle — 62
- La peinture néo-classique — 63
- Le Paris de Haussmann et l'opéra Garnier — 64
- L'architecture industrielle : les gares — 65
- Le romantisme en peinture — 66
- Les premières photographies — 67
- Le réalisme en peinture — 68
- La sculpture au XIXe siècle — 69
- La révolution impressionniste — 70
- Le post-impressionnisme — 71
- Les premières affiches modernes — 72
- Tradition et Art nouveau au XIXe siècle — 73

Les XXe et XXIe siècles — 74

- La poésie : modernisme et surréalisme — 76
- Le roman et la bande dessinée — 77
- Les musiques du XXe siècle — 78-79
- La danse au XXe siècle — 80
- Le mime — 81
- Le théâtre engagé — 82
- Le théâtre réinventé — 83
- Le cirque — 84
- Le fauvisme et le cubisme — 85
- L'art abstrait — 86
- L'art et la guerre — 87
- La sculpture : abstraction et figuration — 88
- L'art et l'objet — 89
- Le cinéma — 90
- Photographie documentaire et de reportage — 91
- L'affiche Art déco — 92
- Le design industriel — 93
- L'architecture collective et individuelle — 94
- L'architecture contemporaine et future — 95

Les œuvres ou les artistes cités sont dans la liste officielle du programme 2008.

De la préhistoire

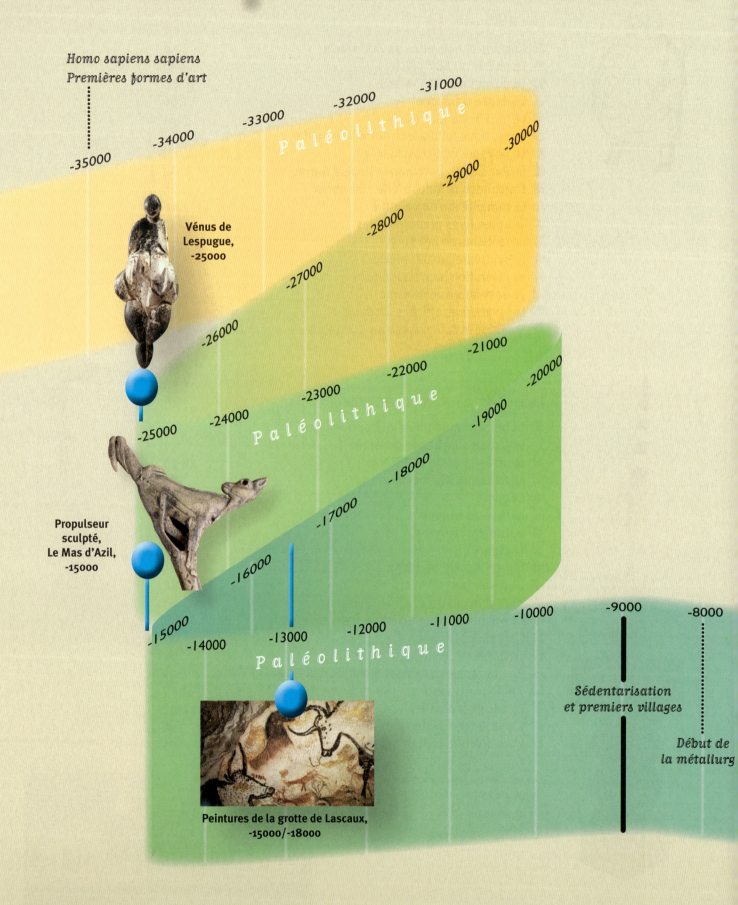

à l'Antiquité

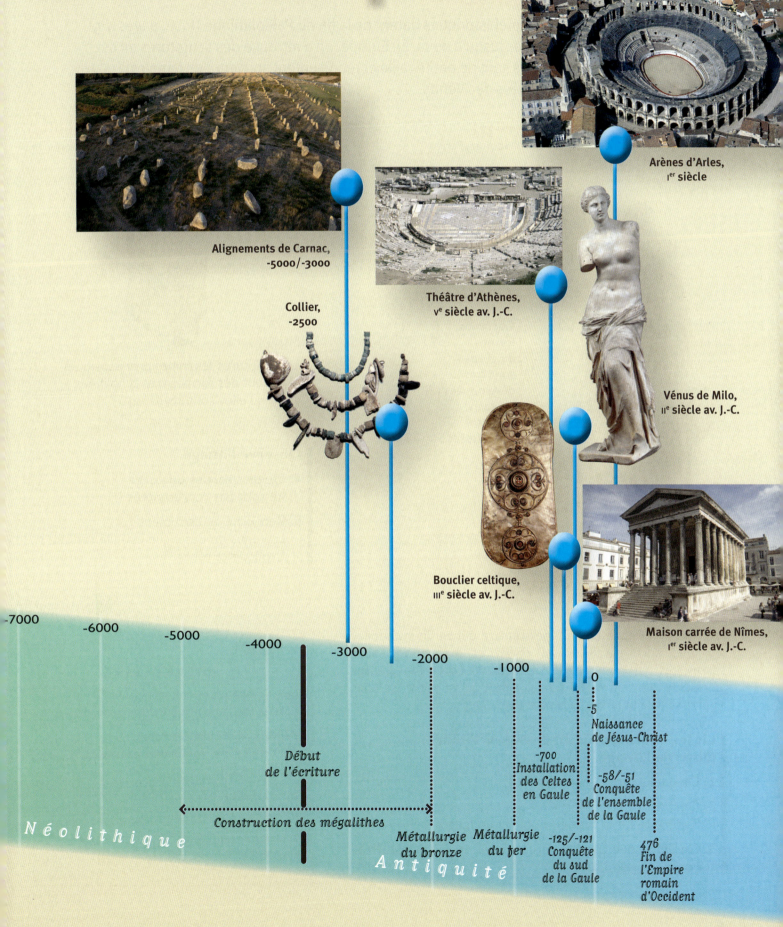

Les arts visuels

Premières sculptures

Les œuvres d'art des hommes préhistoriques datent de la fin du Paléolithique (frise, pages 4-5). Peu d'entre elles sont parvenues jusqu'à nous. En Europe, on a retrouvé des **sculptures** en os ou en **ivoire**. Les plus anciennes sont de petite taille et représentent souvent des femmes. Les archéologues les ont appelées des Vénus.

A La Vénus de Lespugue (Ariège)
Ivoire - hauteur : 14,7 cm - musée de l'Homme, Paris - environ 25 000 avant J.-C.

B La Vénus de Brassempouy (Landes)
Ivoire - hauteur : 3,6 cm - musée des Antiquités nationales, Saint-Germain-en-Laye - environ 25 000 avant J.-C.

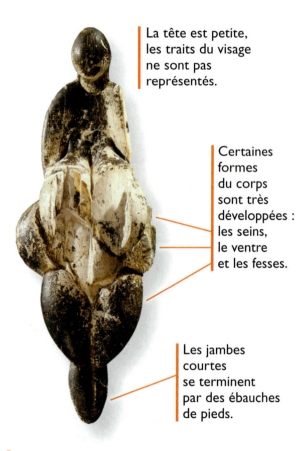

La tête est petite, les traits du visage ne sont pas représentés.

Certaines formes du corps sont très développées : les seins, le ventre et les fesses.

Les jambes courtes se terminent par des ébauches de pieds.

Les sculptures féminines préhistoriques présentent des formes très simplifiées. On dit qu'elles sont **stylisées**.

Observe l'image.
4. Quelles parties du visage ne sont pas représentées ?
5. Retourne au document A. La Vénus de Lespugue est-elle stylisée ? Explique ta réponse.

La sculpture représente un personnage qui paraît immobile : les bras sont parallèles au corps et les genoux sont serrés. Les parties les plus exagérées du corps font penser au rôle de mère : le ventre porte l'enfant qui va naître, les seins nourrissent le bébé après la naissance.

Lis les informations au-dessus de l'image. Observe l'image.
1. De quelle forme d'art s'agit-il ?
2. Quel est son âge ? Repère-la sur la frise chronologique (pages 4-5).
3. On pense que cette sculpture représente la **fécondité**. Pourquoi, selon toi ?

VOCABULAIRE

une sculpture → une représentation en volume dans une matière dure ou solide.

l'ivoire → une matière dure dont sont faites les défenses d'éléphant, de mammouth…

la fécondité → la possibilité de donner naissance à des êtres vivants.

styliser → représenter avec des formes simplifiées.

 *Les arts visuels*

Premiers modelages

De nombreuses **sculptures** de la préhistoire représentent des animaux.
On les a surtout retrouvées dans des grottes, où, bien à l'abri, elles ont été conservées.
Il est probable que les artistes sculptaient aussi en plein air.

■ Les bisons du Tuc d'Audoubert (Ariège)
Argile - longueur : environ 60 cm chacun - environ 15 000 avant J.-C.

Deux bisons sont posés sur un rocher.

De nombreux détails sont représentés : oreilles, cornes, yeux, crinières, barbes…

Sur les bisons, on voit les traces des mains qui ont lissé l'argile.

Ces deux sculptures en **argile** ont été **modelées** sur le sol de la grotte. Puis elles ont été apportées sur ce gros rocher, qui leur sert de socle. Des traces de pieds et de doigts sont visibles sur le sol, près des bisons.
Les représentations de ces animaux comportent de nombreux détails ; elles sont **réalistes**.

Observe l'image.

1. De quelle forme d'art s'agit-il ?
2. Observe la barbe de l'animal à droite : comment est-elle représentée ?
3. Pourquoi dit-on que ces sculptures sont réalistes ?

 VOCABULAIRE

l'argile ➞ une terre qui se modèle facilement quand elle est humide.

modeler ➞ donner une forme à une matière molle en la travaillant avec les mains.

réaliste ➞ plus une œuvre est réaliste, plus elle ressemble au réel ; s'oppose à *stylisé*.

La préhistoire

Les arts visuels

Premières peintures

Pendant la préhistoire, les hommes réalisent des **peintures pariétales** dans les grottes. Elles représentent des animaux (chevaux, **aurochs**, bisons, bouquetins, mammouths...) et n'ont pas de décor : on ne voit pas d'arbres, de montagnes ou de nuages.

■ La rotonde des Taureaux, grotte de Lascaux (Dordogne)
Peinture pariétale - le cheval central mesure 1,20 mètre - 15 000 à 18 000 avant J.-C.

Les contours de l'animal sont réalisés par juxtaposition de petits points.

Des signes **abstraits** sont dessinés.

Deux taureaux (aurochs), des bouquetins, des chevaux sont représentés.

Un creux de la roche sert de sol.

Dans la grotte de Lascaux, plusieurs salles sont décorées de peintures superposées. Elles représentent des animaux avec, à côté, des signes abstraits dont on ne connaît pas le sens. Pour les couleurs, les peintres ont utilisé des colorants naturels à partir d'**argile** et de charbon. Les couleurs étaient appliquées à la main, avec des tampons, ou projetées à la sarbacane. Les savants hésitent sur le sens de ces peintures.

Observe l'image.
1. De quelle forme d'art s'agit-il ?
2. Dans quelle position les deux aurochs se tiennent-ils ? Que semblent faire les animaux ?
3. Quelles sont les différentes couleurs de cette peinture ?
4. Le peintre a utilisé une tache de la paroi pour représenter un cerf, près du taureau de droite. Qu'a-t-il dessiné ?

VOCABULAIRE

une peinture → une œuvre d'art réalisée en recouvrant une surface avec des couleurs.

une peinture pariétale ou rupestre → une peinture réalisée sur la paroi d'une grotte.

un aurochs → un taureau sauvage de grande taille, aujourd'hui disparu.

abstrait → qui ne représente pas quelque chose qu'on peut voir ou toucher (comme un objet, une personne).

Les arts du quotidien

Premiers objets

Les hommes préhistoriques décorent des objets de la vie quotidienne : pointes de flèches, harpons, propulseurs... La plupart des décorations représentent des animaux. Ils fabriquent aussi des **parures**.

A Un propulseur sculpté, Mas d'Azil (Ariège)
Bois de renne - longueur totale (avec le manche) : 39 cm - environ 15 000 avant J.-C.

B Un collier
Musée des Antiquités nationales, Saint-Germain-en-Laye - environ 2 500 avant J.-C.

L'animal regarde vers l'arrière.

Cette partie du propulseur est en contact avec la sagaie.

Les parures sont fabriquées avec des dents perforées, des coquillages, des pierres multicolores...
Ce sont des colliers, des bracelets de bras et de chevilles, des anneaux...

Un propulseur est un instrument qui sert à lancer une sagaie (une lance) au loin. Celui-ci a été sculpté dans un **bois** de renne ; le trou de l'œil était sans doute rempli par une pierre de couleur.

Observe l'image.
3. Décris ces colliers : dis ce que tu reconnais parmi les éléments qui ont servi à les fabriquer.

Lis les informations auprès de l'image. Observe l'image et le dessin ci-contre.

1. Dans quelle partie du renne le propulseur est-il sculpté ?
2. Comment l'artiste utilise-t-il la forme du bois de renne pour décorer le haut du propulseur ?

VOCABULAIRE

une parure → un objet (vêtement, bijou qui embellit, qui décore).

un bois (pour un animal comme le renne ou le cerf) → la matière osseuse qui forme les cornes.

La préhistoire **9**

Les arts de l'espace

Premiers monuments

Les hommes du Néolithique (frise, pages 4-5) réalisent des constructions faites avec d'énormes blocs de pierre, les mégalithes.
Ces monuments sont les plus anciens de notre pays. Il a fallu que les hommes travaillent ensemble pour transporter et dresser ces énormes pierres.

A Les alignements du Menec, Carnac (Morbihan)
1 165 m x 100 m - 3 000 à 5 000 avant J.-C.

Les **menhirs** de Carnac sont alignés régulièrement. Ils forment des rangées parallèles.
Il y a onze rangées de menhirs au Menec. Cela fait 1 099 menhirs qui mesurent de un à quatre mètres de hauteur.
On ne sait pas à quoi les alignements étaient utilisés. Ils sont **orientés** à l'ouest, vers le Soleil couchant. Ils sont donc peut-être en rapport avec un **culte** du Soleil.

Observe l'image.
1. Quelles sont les dimensions de ce site ?
2. Comment les menhirs sont-ils disposés ?

B L'allée couverte de la Roche aux Fées, Essé (Ille-et-Vilaine), 2 500 avant J.-C.

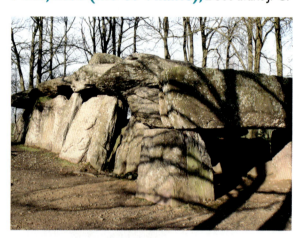

L'allée couverte est composée de plusieurs **dolmens** rangés en couloirs. Chaque pierre pèse près de 40 tonnes. On a retrouvé des squelettes dans des constructions comme celle-ci.
Elles servaient donc de tombes collectives.
Les constructions étaient recouvertes de pierres ou de terre. Cette couverture formait une sorte de petite colline et protégeait les tombes.

Observe l'image.
3. Qu'a-t-on retrouvé sous ce monument ?
4. À quoi sert-il ?

VOCABULAIRE

un menhir → une grande pierre dressée et plantée dans la terre.

orienté → disposé par rapport aux points cardinaux.

un culte → un ensemble de pratiques religieuses rendues à une divinité.

un dolmen → un monument composé de pierres verticales recouvertes d'une dalle horizontale.

Les arts du quotidien

L'art du métal chez les Celtes

Dans l'Antiquité, la culture celte apparaît en Europe centrale au VIIe siècle avant J.-C. Les Gaulois sont des Celtes qui vivent sur le territoire de la France actuelle. Ils embellissent les objets utilitaires de leur quotidien. Ils sont spécialistes dans l'art des métaux : armes, bijoux, pièces de monnaie... Il y a peu de lignes droites dans leur art ; les motifs décoratifs sont finement **stylisés** et presque **abstraits**.

A Le bouclier de Battersea
Bronze et pierres de couleur - hauteur : 85 cm - British Museum, Londres - IIIe siècle avant J.-C.

La ligne courbe permet de réaliser des **volutes** et des **torsades**.

B Un torque
Or - diamètre : 14,5 cm - musée de Cluny, Paris - IIIe- Ier siècle avant J.-C.

Les torques sont des colliers rigides portés par des hommes (surtout des guerriers) et des femmes de haut rang.

Observe l'image.
3. En quel métal cet objet est-il fabriqué ?
4. Comment est-il décoré ?

Ce bouclier est plus petit que ceux qu'on utilisait pour combattre. On pense donc qu'il a été fait pour montrer l'importance d'un personnage auquel il appartenait ; ou bien il servait d'offrande à un dieu.

Observe l'image.
1. En quel métal cet objet est-il fabriqué ?
2. Avec quelles formes est-il décoré ?

VOCABULAIRE

le bronze → un métal composé d'un mélange de cuivre et d'étain.

une volute → une forme qui s'enroule et se déroule.

une torsade → une forme obtenue en tordant sur lui-même un objet simple.

C Une monnaie gauloise des Parisii
Or - diamètre : 2,2 cm - Bibliothèque nationale de France, Paris - entre 100 et 50 avant J.-C.

Les premières monnaies celtes sont fabriquées à partir du IIIe siècle avant J.-C. Elles sont en or. Elles montrent l'importance et la puissance du peuple qui les fabrique.

Observe l'image.
5. Quel peuple gaulois a fabriqué cette monnaie ?
6. Quel animal voit-on sur cette pièce de monnaie ?
7. Comment est représenté son dos : par une ligne droite ou courbe ?
8. Comment sont faits ses yeux, ses articulations ?

L'Antiquité

Les arts du spectacle vivant

La naissance du théâtre

Au VIIe siècle avant J.-C., en Grèce, des fêtes religieuses sont organisées en l'honneur du dieu Dionysos. Elles se transforment peu à peu en spectacles qui comportent des textes, de la danse et du chant.
À partir du Ve siècle avant J.-C., les spectacles ont lieu dans des **théâtres** en plein air.
Les Romains en construisent à leur tour à partir du Ier siècle avant J.-C.

A Le théâtre d'Athènes, en Grèce
IVe siècle avant J.-C.

Des **gradins** sont disposés en demi-cercle face à la scène.

L'**orchestre** est l'endroit où se place le **chœur**.

Les acteurs se tiennent sur la scène, au fond dont il ne reste que quelques pierres.

B Deux acteurs romains
Peinture murale de Pompéi, Ier siècle

Chez les Grecs et les Romains, les acteurs sont toujours des hommes. Ils portent des costumes et des masques qui permettent de représenter un roi, une vieille femme…
Un groupe d'hommes, le chœur, chante et danse pendant le spectacle pour expliquer ce qui se passe.

Observe l'image A.

1. Où se tiennent les spectateurs, les acteurs, le chœur ?

Observe l'image B.

2. Dans le théâtre de l'Antiquité, qui sont les acteurs ?
3. Que tient l'acteur de gauche ? Que porte celui de droite ?

VOCABULAIRE

un théâtre ➔ le lieu où on représente des spectacles.

des gradins ➔ des bancs disposés en étages.

l'orchestre ➔ le lieu où se place le chœur.

le chœur ➔ un groupe d'hommes qui chante et danse.

12

Les arts du langage

Les pièces de théâtre grecques et romaines

Les plus grands auteurs grecs de **pièces de théâtre** sont Eschyle, Sophocle et Euripide (Vᵉ siècle avant J.-C.). Ils écrivent des **tragédies**. Aristophane (IVᵉ siècle avant J.-C.) écrit des **comédies**. Chez les Romains, au IIIᵉ siècle avant J.-C., Plaute écrit aussi des comédies.

A Plaute : *La Marmite*

Euclion, un vieil avare, a trouvé chez lui une marmite remplie d'or cachée sous terre. Il l'enterre de nouveau et soupçonne tout le monde de vouloir le voler.

EUCLION – Hors d'ici, animal rampant, qui viens de sortir de dessous terre. On ne te voyait pas tout à l'heure ; tu te montres, et l'on t'écrase. Je vais t'arranger de la bonne manière, subtil coquin.

STROBILE – Quel démon te tourmente ? Qu'avons-nous à démêler ensemble, vieillard ? Pourquoi me pousser à me jeter par terre ? Pourquoi me tirer de la sorte ? Pourquoi me frapper ?

EUCLION – Grenier à coups de fouet ! tu le demandes ? Voleur ; que dis-je ; triple voleur.

STROBILE – Que t'ai-je pris ?...

EUCLION – Remets-moi cela, te dis-je. Je ne plaisante pas, moi.

STROBILE – Qu'exiges-tu que je te remette ? Nomme la chose par son nom. Je jure que je n'ai rien pris, rien touché.

EUCLION – Voyons tes mains.

STROBILE, *montrant une main*. – Tiens.

EUCLION – Montre donc.

STROBILE – Les voici.

EUCLION – Je vois. Maintenant, la troisième.

STROBILE – Ce vieillard est fou.

D'après Plaute, *La Marmite*, IIIᵉ siècle avant J.-C.

B Une scène de théâtre

Peinture murale de Pompéi, Iᵉʳ siècle.

Lis le texte.

1. Comment Euclion appelle-t-il Strobile ?
2. Comment Strobile réagit-il ?
3. Qu'est-ce qui rend cette scène amusante ?

Observe l'image.

4. D'après le texte de Plaute, quel rôle pourrait jouer l'acteur de gauche ?

VOCABULAIRE

une pièce de théâtre → un texte avec des dialogues, écrit pour être joué devant un public.

une tragédie → une pièce de théâtre dont les personnages ont une fin malheureuse.

une comédie → une pièce de théâtre qui fait rire.

L'Antiquité

Les arts du langage

La littérature grecque

La littérature grecque commence avec le poète Homère, au VIIIe siècle avant J.-C.
Au siècle suivant, un autre poète, Ésope, écrit des fables, qui inspireront Jean de La Fontaine, en France, au XVIIe siècle (page 47).

A Une épopée : Ulysse et le cyclope

Homère est l'auteur de deux **épopées** inspirées de la **mythologie**. L'*Iliade* décrit la prise de la ville de Troie par les Grecs. Dans l'*Odyssée*, Ulysse rentre chez lui après la guerre de Troie.

Un jour, Ulysse et ses compagnons sont faits prisonniers par des géants avec un œil unique au milieu du front, les cyclopes. Pour s'échapper, Ulysse décide d'enivrer l'un d'eux.

Le cyclope redemande du vin.
« Encore, sois gentil !
Je m'appelle Polyphème.
Et toi, dis ton nom car je veux te faire un cadeau.
– Je m'appelle Personne.
– Eh bien, pour te remercier, je mangerai Personne en dernier : ce sera mon présent d'hospitalité ! »
Et il tombe à la renverse, le vin lui étant monté à la tête. Alors, mettant un bâton au feu, Ulysse le fait rougir et, avec l'aide de ses compagnons, il le plante dans l'œil du cyclope. Celui-ci pousse un hurlement de fauve ; il appelle les autres cyclopes qui accourent.
« Qu'est-ce qu'il y a, Polyphème ?
Qu'est-ce qui te tue ? »
Il répond du fond de sa caverne :
« Personne me tue !
– Si Personne t'attaque et que tu cries comme ça, alors Zeus te fait perdre la tête ! On n'y peut rien ! »

D'après Homère, *Odyssée*, chant 9.

Lis le texte A.

1. Qu'est-ce qu'un cyclope ?
2. Pourquoi est-ce un personnage dangereux ?
3. Pourquoi Ulysse dit-il qu'il s'appelle Personne ?

B Une fable d'Ésope

Ésope a écrit de nombreuses **fables**. Un auteur romain, Phèdre, les a imitées plus tard, au Ier siècle avant J.-C.

Un loup vit un agneau qui buvait dans une rivière. Il décida de le dévorer, et de trouver une bonne raison pour cela. D'abord, il l'accusa de l'empêcher de boire en troublant l'eau. Mais l'agneau répondit qu'il ne buvait que du bout des lèvres ; en plus, il se tenait plus bas que le loup et ne pouvait donc pas troubler son eau.
Le loup n'avait pas pensé à cela.
Alors il dit :
« L'an passé, tu as insulté mon père ! »
L'agneau répondit que c'était impossible, car il n'était pas encore né.
Le loup dit :
« Tu as réponse à tout, mais je te dévorerai quand même. »
Cette fable montre que si quelqu'un veut faire le mal, on ne peut pas le raisonner.

D'après Ésope, *Fables*.

Lis le texte B.

4. Connaissais-tu cette histoire ?
5. Que penses-tu de l'attitude du loup ?
6. Quelle est la morale de la fable ? Es-tu d'accord ?

VOCABULAIRE

une épopée → un long poème qui raconte un fait important ou les aventures d'un héros.

la mythologie → les récits d'un peuple qui mettent en scène des dieux et des personnages imaginaires.

une fable → un récit qui raconte une courte histoire pour donner un conseil ou une morale.

Les arts du son

La musique chez les Grecs et les Romains

Dans l'Antiquité, les Grecs donnent à la musique une origine divine.
Dans la **mythologie**, les dieux aiment la musique : Apollon, le dieu des arts, joue
de la lyre. Pan, le dieu des bergers, joue d'une flûte qui porte son nom.
Chez les Grecs comme chez les Romains, la musique accompagne la danse,
le théâtre. On en joue dans les grandes occasions (fêtes, cérémonies religieuses),
à la fin des banquets.

A Des instruments de musique grecs

Joueur de lyre	Joueur d'aulos	Joueuse de tambourin	Joueuse d'orgue à eau

Détails de vases grecs et d'une mosaïque, Ve siècle.

Observe les images.

1. De quels types d'instruments de musique s'agit-il ? Comment en joue-t-on ?
2. La lyre est un instrument à cordes, l'aulos est un instrument à vent
   et le tambourin est un instrument à percussion.
   Fais correspondre ces instruments à des instruments de musique modernes.

B Des soldats romains jouant du buccin

Les instruments de musique romains sont les mêmes que ceux des Grecs. Mais comme les Romains aiment les grands spectacles, les défilés, ils ont besoin d'instruments plus puissants. Ils utilisent donc trompettes, cors, lourdes trompes en bronze, cithares géantes, **buccins**...

Observe l'image.

3. Deux instruments de musique sont visibles :
   à quelle famille appartiennent-ils ?

Détail de la colonne de Trajan, Rome, IIe siècle.

VOCABULAIRE

un buccin → un instrument à vent de la famille des trompes.

L'Antiquité

Les arts du quotidien

La céramique grecque

Dans l'Antiquité, les pots en **céramique** sont le meilleur moyen pour recevoir et transporter les liquides, froids ou chauds. Les Grecs en ont produit en très grand nombre.
Les vases réservés aux tâches nobles (repas, fêtes...) étaient décorés de peintures qui racontaient la **mythologie**.

A Le cratère d'Euphronios
Céramique - musée du Louvre, Paris - 510 avant J.-C.

B La signature d'Euphronios

Une **frise** décore le haut et le bas du vase.

Héraklès

Antée

Sur la partie centrale, le géant Antée lutte avec le héros Héraklès.

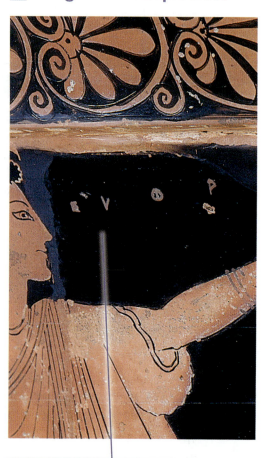

Des mots sont écrits en grec sur le vase.

Dans la mythologie grecque, Antée est un géant qui ne peut pas être vaincu à la lutte s'il reste en contact avec le sol. Il provoque tous les voyageurs qui passent sur son territoire.
Sur ce vase, le peintre a représenté le héros Héraklès en train de vaincre Antée en l'étouffant, après l'avoir soulevé de terre.
Les deux héros sont nus comme c'était l'habitude aux Jeux olympiques, lors de l'épreuve de lutte.

L'artiste qui a peint ce vase était si renommé qu'il a signé son œuvre, ce qui était très rare à cette époque.
On connaît donc son nom : Euphronios.

Observe l'image.

1. À quoi sert l'objet qu'on voit ici ?
2. Repère les deux personnages au centre de l'image. Comment sont-ils représentés ?
3. À quoi voit-on qu'Antée est en train de perdre le combat ?

VOCABULAIRE

une céramique → un objet fabriqué en terre cuite.

une frise → une bande ornementale faite de la répétition de dessins.

Les arts visuels

La sculpture grecque

Dans l'Antiquité, les Grecs sculptent des **statues**. Elles sont exposées sur les places, dans les maisons, dans les lieux de **culte**. Beaucoup représentent des dieux et des déesses. Les divinités sont nues pour mieux montrer leur beauté. Elles servent de modèle aux hommes, car elles représentent l'équilibre et la perfection.

A Le Kouros (jeune homme) de Sounion (Grèce)

Artiste **anonyme** - **marbre** - hauteur : 3 m - musée archéologique national, Athènes (Grèce) - VIe siècle avant J.-C.

B La Vénus de Milo (Grèce)

Artiste anonyme - marbre - hauteur : 2,04 m - musée du Louvre, Paris - IIe siècle avant J.-C.

Cette statue a été trouvée à Milo, une île de la Méditerranée. Elle représente la déesse grecque de la beauté et de l'amour, Aphrodite, que les Romains appelaient Vénus.

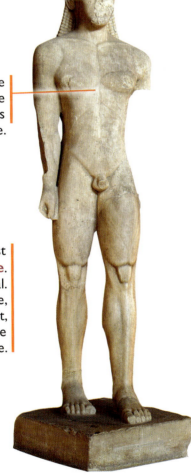

Une ligne centrale montre que la statue est très symétrique.

Le personnage est raide et **statique**. Il est vertical. Sa jambe gauche, placée en avant, montre qu'il se met en marche.

Le visage ne montre pas d'émotion particulière.

Son corps ondule, elle est **dynamique**.

VOCABULAIRE

une statue → une sculpture représentant un être vivant.

anonyme → dont on ne connaît pas l'auteur.

le marbre → une pierre calcaire qu'on peut polir, utilisée en sculpture.

statique → qui ne bouge pas.

dynamique → qui bouge ; contraire de *statique*.

Observe les deux images.

1. Ces deux sculptures sont faites dans la même matière. Laquelle ?
2. Compare les statues : vêtements, attitude, mouvement des jambes.

L'Antiquité

Les arts de l'espace

L'architecture civile gallo-romaine

Dans l'Antiquité, les Romains partent à la conquête d'un vaste empire. La Gaule devient une province romaine en 51 avant J.-C.
Les Romains maîtrisent l'**architecture** monumentale. Ils construisent d'imposants bâtiments dans les villes.

■ Les arènes d'Arles (Bouches-du-Rhône)
Dimensions : grand axe : 136 m, petit axe : 21 m, longueur de l'arène : 107 m - Ier siècle

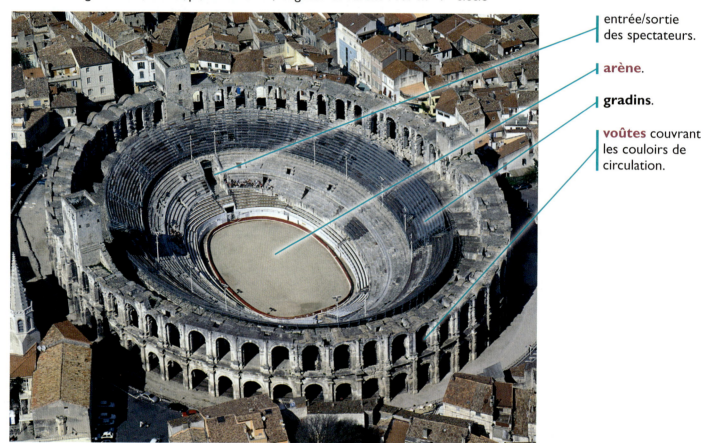

- entrée/sortie des spectateurs.
- **arène**.
- **gradins**.
- **voûtes** couvrant les couloirs de circulation.

Dans l'**amphithéâtre**, les **gladiateurs** s'affrontent ou combattent contre des animaux féroces.
L'amphithéâtre d'Arles peut contenir 25 000 spectateurs.
Les spectateurs sont abrités du soleil par une énorme toile qu'on tend au-dessus de l'arène. Les Romains maîtrisent la technique de la voûte. Ces voûtes soutiennent les gradins.

Observe l'image.
1. Quelle est la forme de ce bâtiment ?
2. Des voûtes sont visibles sur la photographie. Où se trouvent-elles ?
3. Comment s'appelle l'espace central ? À quoi sert-il ?

VOCABULAIRE

l'architecture → l'art de construire des maisons, des bâtiments, des monuments.

une arène → la partie de l'amphithéâtre recouverte de sable, où se déroulent les spectacles.

une voûte → un plafond arrondi qui relie des murs ou des piliers.

un amphithéâtre → un bâtiment à gradins circulaire où les gladiateurs combattent.

un gladiateur → chez les Romains, un homme qui combat d'autres hommes ou des bêtes féroces.

Les arts de l'espace

L'architecture religieuse gallo-romaine

La religion romaine compte de nombreux dieux et déesses.
Ils sont honorés dans des **temples** de forme rectangulaire et entourés de **colonnes**.
Pour les construire, les Romains s'inspirent de l'architecture grecque.
Les formes et les éléments de décor de ces temples ont beaucoup influencé les architectes des siècles suivants.

■ La Maison carrée, Nîmes (Gard)
Longueur : 26 m, largeur : 15 m, hauteur : 17 m - Ier siècle avant J.-C.

Le sommet du temple comporte un **fronton** triangulaire.

Une frise horizontale sculptée court autour du bâtiment.

Une grande porte ouvre sur une salle sans fenêtres.

À partir de l'Empire romain, les empereurs et leur famille sont adorés comme des dieux : c'est le **culte** impérial. C'est pourquoi, au Ier siècle avant J.-C., on construit un temple à Nîmes en l'honneur de deux petits-fils de l'empereur Auguste. Dans la salle au centre, on garde les **statues** des dieux. Seuls les prêtres ont le droit d'y entrer. On ouvre la porte les jours où on honore les dieux ; le peuple peut alors les voir de loin.

Observe l'image.
1. Comment s'appelle ce bâtiment aujourd'hui ?
2. Quelle est sa forme ?
3. Qu'est-ce qui soutient le toit ?
4. Quels dieux y honore-t-on ? Où se trouvent leurs statues ?

Observe le détail ci-contre.
5. Que représente le décor en haut de la colonne ?

VOCABULAIRE

un temple → un bâtiment religieux consacré au culte d'une divinité.

une colonne → le support vertical d'un bâtiment, généralement cylindrique.

un fronton → un ornement triangulaire au-dessus de l'entrée principale d'un monument.

L'Antiquité

Les arts de l'espace

L'habitat gallo-romain

Les Gallo-Romains construisent des villes dont les rues se coupent à angle droit. Elles sont bordées de boutiques. Les citoyens les plus riches habitent des maisons ornées de **marbre**, de **mosaïques**, de peintures murales.

■ Une maison à Glanum (Saint-Rémy-de-Provence, Bouches-du-Rhône)
Ier siècle avant-IIIe siècle après J.-C.

Ⓐ colonne du **péristyle**.

Ⓑ bassin central.

Ⓒ couloir de circulation.

Reconstitution de la maison de Glanum.

À Glanum se trouvent les ruines d'une ville gallo-romaine. On a pu **reconstituer** cette maison. Elle est construite en pierre autour d'une cour centrale rectangulaire.
Un péristyle autour de la cour soutient le toit qui protège du soleil. Au centre, un bassin recueille l'eau de pluie et apporte de la fraîcheur. Les pièces d'habitation sont autour de la cour : des chambres, le bureau du maître.

Observe l'image et la reconstitution de la maison ci-contre.

1. Quel est le centre de cette maison ? À quoi sert ce lieu ?
2. Comment circule-t-on autour de la cour ?
3. Où se situent les pièces d'habitation ?

VOCABULAIRE

une mosaïque → une image formée de petits morceaux de pierres colorées.

un péristyle → une colonnade couverte faisant le tour d'une cour ou d'un bâtiment.

reconstituer → recréer une chose qui a disparu.

 **Les arts visuels**

Les mosaïques gallo-romaines

Durant l'Antiquité, l'art de la **mosaïque** est le seul moyen de réaliser des images résistant au temps et à l'usure. Les mosaïques imitent la peinture. Elles sont réalisées sur les murs ou sur le sol. Elles représentent la vie quotidienne ou la **mythologie**.

■ Une mosaïque de Saint-Romain-en-Gal (Vienne)
Pâte de verre, marbre et calcaire - chaque image : 59 x 59 cm - musée des Antiquités nationales, Saint-Germain-en-Laye - IIIe siècle

Le printemps

L'été

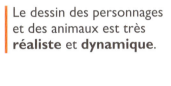

Le dessin des personnages et des animaux est très **réaliste** et **dynamique**.

L'automne

L'hiver

Les **ombres propres** sont rendues grâce à un **dégradé** de couleur. Elles donnent l'impression du volume.

Les **ombres portées** sont représentées au pied des personnages et des animaux. Elles indiquent le sol et donnent de la profondeur.

Cette mosaïque est formée de petits morceaux de marbre et de verre de différentes couleurs, que l'on appelle des tesselles : elles sont taillées en forme de cubes de quelques millimètres collés sur du ciment et formant des panneaux. La mosaïque de Saint-Romain-en-Gall représente des travaux des champs et les quatre saisons.

Observe l'image.
1. De quoi la mosaïque est-elle faite ?
2. Quels animaux voit-on ?
3. Le printemps tient un bouquet de fleurs. Comment l'été est-il représenté ?
4. Comment l'artiste donne-t-il une impression de volume et de profondeur ?

VOCABULAIRE

une ombre propre → une ombre d'un objet, sur le côté opposé à celui qui est à la lumière.

un dégradé → le changement progressif d'une couleur, du plus clair au plus foncé, ou du plus vif au plus pâle...

une ombre portée → une ombre d'un objet projetée au sol, ou sur une autre surface.

L'Antiquité

Le Moyen Âge

La cité fortifiée de Carcassonne (Aude), entre le VIIe et le XIIIe siècles

500 — 600 — 700 — 800 — 900

- 496 Baptême de Clovis
- 650 le Coran
- 800 Charlemagne couronné empereur
- 987 Hugues Capet roi de France

La mosquée Al-Azhar, Le Caire, à partir du Xe siècle

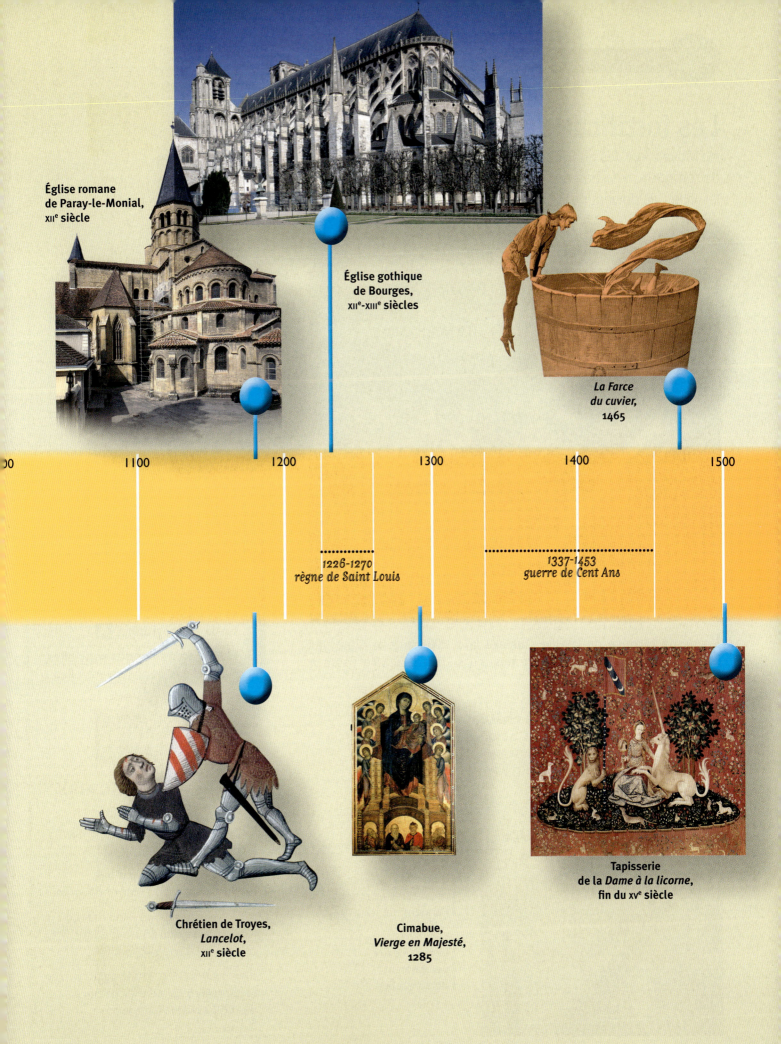

Les arts de l'espace

Les fortifications médiévales

Au Moyen Âge, les guerres et les invasions sont nombreuses. Les villes sont entourées de **remparts**. Les châteaux, où vivent les seigneurs, sont des places **fortifiées**. Comme les villes, ils doivent pouvoir résister aux attaques et accueillir les populations en cas de conflit.

A La cité fortifiée de Carcassonne (Aude)
Remparts construits entre le VIIe et le XIIIe siècle

- La ville est construite sur une butte.
- Elle abrite une église et un château fort.
- Elle est entourée de deux **murs d'enceinte** très épais.
- Des tours rondes s'élèvent à intervalles réguliers.

La partie fortifiée de la ville s'appelle la « ville haute ». Ceux qui travaillent et vivent à l'extérieur des murs, dans la « ville basse », s'y réfugient en cas d'attaque.

B La porte de l'Aude et le château comtal
Cité de Carcassonne

- Une **meurtrière**.
- Une tour de guet permet de voir venir l'ennemi de loin.
- Les créneaux permettent de se cacher.

Observe les images A et B.

1. Pourquoi la ville est-elle entourée de remparts ?
2. Vois-tu des créneaux sur la photographie A ?
3. Où les tours rondes sont-elles placées ? À quoi servent-elles ?

VOCABULAIRE

un rempart → une muraille de défense, un château ou une ville fortifiée.

fortifié → rendu fort par la construction d'un mur et de tours.

un mur d'enceinte → un mur qui forme une ceinture autour d'un château ou d'une ville fortifiée.

une meurtrière → une petite percée rectangulaire qui permet de lancer des flèches vers l'extérieur.

Les arts de l'espace

L'architecture religieuse chrétienne : l'art roman

Jusqu'au XIIe siècle, les églises où les **chrétiens** viennent prier sont construites avec des formes et des techniques héritées des édifices romains antiques. L'architecture de cette époque est appelée « art roman » en référence aux Romains. De nombreux ouvriers, artisans et artistes participent à leur construction.

■ La **basilique** de Paray-le Monial (Saône-et-Loire)
Hauteur de la nef : 22 m - XIIe siècle

La tour centrale est haute de 56 mètres. Elle comporte des ouvertures soutenues par des **arcs en plein cintre** (ronds).

Les murs sont renforcés de **contreforts**.

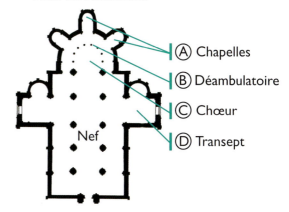

Plan de l'intérieur
- A Chapelles
- B Déambulatoire
- C Chœur
- D Transept
- Nef

Pour construire une église, l'architecte roman doit bâtir des murs épais, avec de petites ouvertures. Les étages du bas, très larges, servent d'appui aux étages supérieurs. Ces derniers, pour être plus légers, sont moins larges, avec des murs moins épais et de plus en plus ajourés.

Observe le plan.

1. Quelle est la forme de l'église ?

Observe l'image.

2. À l'aide du plan, dis ce que les lettres A, B, C et D représentent sur la photographie.

3. À quoi servent les contreforts ?

4. Quelle forme se retrouve le plus souvent dans cette image : la ligne courbe ou la ligne droite ?

VOCABULAIRE

un chrétien → une personne qui croit en Jésus-Christ, fils de Dieu.

une basilique → une église importante.

un arc en plein cintre → une **voûte** en forme de demi-cercle.

un contrefort → un pilier intégré à un mur pour le renforcer.

Le Moyen Âge

Les arts de l'espace

L'architecture religieuse chrétienne : l'art gothique

À partir du XIIe siècle, des techniques nouvelles permettent de construire des églises aux murs plus hauts, aux ouvertures plus larges, dans lesquelles entre davantage de lumière. Ces ouvertures sont décorées de **vitraux**. C'est l'art gothique.

A La cathédrale de Bourges (Cher)
Hauteur de la nef : 37,15 m - entre 1195 et 1324

Les **arcs-boutants** sont des arcs en pierre qui relient le **contrefort** au mur.

Les contreforts sont séparés des murs.

La **voûte**, très haute, est faite d'arcs croisés deux à deux appelés « **croisées d'ogives** ».

L'utilisation de la croisée d'ogives à l'intérieur, doublée des arcs-boutants à l'extérieur, permet d'élever l'édifice beaucoup plus haut qu'auparavant. Ce ne sont plus les murs qui supportent le poids mais les contreforts. On peut donc percer de larges **baies** qui sont ensuite fermées de vitraux. Ceux-ci représentent des scènes de la Bible. La lumière qui les traverse éclaire l'église de mille couleurs.

Observe l'image.

1. Compare la hauteur de la nef à celle de la basilique de Paray-le-Monial (page 25). Laquelle est la plus haute ? Pourquoi ?
2. Que voit-on qui n'existe pas à Paray-le-Monial ?
3. Quelle phrase correspond le mieux à la cathédrale de Bourges : la ligne courbe domine/la ligne droite domine ?

B Notre-Dame de la belle verrière
Cathédrale de Chartres - vitrail - vers 1180

VOCABULAIRE

un vitrail, des vitraux → des panneaux formés de morceaux de verre colorés assemblés par du plomb.

un arc-boutant → un arc qui s'appuie sur un contrefort pour soutenir une voûte gothique.

une croisée d'ogives → le croisement en diagonale de deux arcs (souvent en **plein cintre**) sur une voûte.

une baie → une ouverture pratiquée dans un mur.

Les arts de l'espace

L'architecture religieuse musulmane

L'islam est une religion qui se diffuse au VIIe siècle, depuis l'Arabie : à l'ouest vers l'Afrique du Nord et l'Espagne et à l'est jusqu'à l'Inde. La mosquée, lieu de **culte** et de prière en commun, est le centre de la vie religieuse **musulmane**.

A La mosquée Al-Azhar, Le Caire (Égypte)
10 000 m² - construite à partir de 970

Une haute tour domine l'édifice. C'est un **minaret**.

Un **dôme** est construit au-dessus de la salle de prières.

De nombreux motifs abstraits et **graphiques** décorent les murs et le minaret.

Une cour centrale est entourée par une galerie couverte.

La mosquée se compose d'une salle de prières, d'une cour entourée d'arcades et d'un minaret. Au centre de la cour se trouve un bassin. Il n'y a jamais de statues ni de peintures représentant des hommes ou des animaux mais seulement des formes géométriques entrelacées ou des **calligraphies**.

Observe l'image.
1. Quelles formes géométriques reconnais-tu ?
2. Les colonnes de ces mosquées supportent-elles des arcs **en plein cintre** ?

VOCABULAIRE

un musulman → une personne qui pratique l'islam, religion fondée par Mahomet.

un minaret → la tour d'une mosquée du haut de laquelle les fidèles sont appelés à la prière.

un dôme → un toit élevé, de forme arrondie.

un graphique → un dessin fait essentiellement de lignes et de points (comme l'écriture).

la calligraphie → l'art de former de belles lettres, pour écrire ou pour décorer avec de l'écriture.

B Le mihrab de la mosquée du sultan Hasan, Le Caire (Égypte)
Marbre coloré et dorures, 1356-1363

Dans la grande salle de prières, le sol est recouvert de tapis. Une niche, le mihrab, est construite dans le mur. Elle indique la direction de La Mecque, en Arabie, la ville sainte des musulmans.

Le Moyen Âge

Les arts de l'espace

Les synagogues en Europe médiévale

Les **persécutions** des Juifs sont fréquentes en Europe depuis le Moyen Âge. Elles empêchent l'art juif d'y trouver une unité. Les **synagogues** ne se différencient donc des autres édifices religieux que grâce à la présence de quelques symboles de la religion juive.

A Synagogue Alt-Neu (Vieille-Nouvelle), Prague - 1270

Les **contreforts** et les vitraux font penser à une église.

Aucun indice important ne donne l'assurance de voir que cet édifice est religieux ni quelle religion y est pratiquée.

La plus ancienne des synagogues européennes encore active aujourd'hui a été construite à Prague au XIIIe siècle.
À cette époque, les Juifs n'ont pas le droit d'exercer certains métiers dont celui d'architecte, comme dans la plupart des pays de l'Europe chrétienne. Ils font donc appel aux architectes et aux maçons chrétiens de la ville, qui construisent à leur manière et doivent respecter une règle stricte : les synagogues ne doivent pas dépasser en hauteur les églises environnantes.

Observe l'image.

1. À quel type d'édifice cette synagogue fait-elle penser ?
2. Compare-la aux pages 25 et 26. Ressemble-t-elle à un monument roman ou gothique ?

B Un vitrail sur le mur extérieur

Les indices qui montrent qu'il s'agit d'un édifice juif sont rares : ici, ce **vitrail**, qui ressemble à un vitrail chrétien, dessine l'étoile de David, symbole du **judaïsme**.

VOCABULAIRE

une persécution → un traitement injuste et cruel qui dure dans le temps.

une synagogue → le lieu de prière, de réunion, d'étude et d'enseignement religieux des Juifs.

le judaïsme → la religion des Juifs.

28

Les arts du langage

La littérature au Moyen Âge : les romans

À partir des XIe-XIIe siècles, des auteurs écrivent des récits en vers ou en prose. Ils racontent les exploits des chevaliers qui combattent pour leur dame. Les **romans** les plus célèbres ont pour héros les Chevaliers de la Table Ronde, réunis autour du roi Arthur. Chrétien de Troyes (1135-1185) est un des principaux auteurs de romans.

A Un roman de Chrétien de Troyes : *Lancelot, le chevalier de la charrette*

À la fête de l'Ascension, le roi Arthur tenait la cour magnifique qu'il convient à un roi de tenir. Il y avait là un grand nombre de barons. Avec eux se trouvaient la reine, et de nombreuses belles dames courtoises parlant bien la langue française.

Survint un chevalier armé de toutes ses armes. Il vient se placer devant le roi et sans le saluer lui dit : « Roi Arthur, je retiens en mon pouvoir une partie de ta terre et de tes gens : chevaliers, dames et jeunes filles. Je veux te faire savoir que tu n'as aucun moyen de les ravoir, ni par la force, ni par rachat. Et sache bien que tu mourras sans avoir pu les secourir. »

Le roi répond qu'il lui faudra donc supporter ce malheur s'il ne peut rien faire.

Le chevalier fait mine de s'en aller et va jusqu'à la porte de la salle. Mais il s'arrête et dit : « Roi, s'il y a à ta cour un chevalier assez vaillant pour que tu oses lui permettre d'emmener la reine en ce bois où je vais, j'en fais serment, je l'attendrai. Et si en combattant contre moi il conquiert la reine, alors il aura droit de la ramener ici. Je te rendrai aussi les prisonniers qui sont en exil en ma terre. »

D'après Chrétien de Troyes, *Lancelot, le chevalier de la charrette*.

B *Lancelot combat le chevalier Méléagant*

Miniature du XVe siècle, Bibliothèque nationale de France, Paris.

Observe l'image.

3. Qui combat ? Que voit-on à l'arrière, à gauche ?
4. À quelle autre occasion les chevaliers du Moyen Âge combattent-ils (page 34) ?

Lis le texte.

1. Qu'a fait le chevalier ?
2. Quel défi lance-t-il au roi Arthur ?

VOCABULAIRE

un roman → au Moyen Âge, un récit en vers puis en prose qui raconte des aventures merveilleuses.

Le Moyen Âge **29**

Les arts du langage

La littérature au Moyen Âge : fabliaux et poèmes

Au Moyen Âge, les **fabliaux** sont de courts récits qui se terminent habituellement par une morale. Ils se moquent souvent des riches, des puissants, des prêtres. Ils sont écrits en ancien français.
C'est aussi au Moyen Âge que naît la **poésie** en langue française.
Rutebeuf, sans doute originaire de Champagne, mort vers 1285, a laissé une œuvre poétique importante.

A Un fabliau : *Brunain, la vache du prêtre*

Un vilain (un paysan) et sa femme ont entendu le curé dire que Dieu rend le double de ce que l'on donne de bon cœur. Ils décident donc de lui donner leur vache Blérain.

Le vilain entre dans l'étable, tire la vache par la corde et va l'offrir au curé.
Celui-ci était très malin. Il voulait toujours s'enrichir.
« Beau sire, fait le vilain, les mains jointes, pour l'amour de Dieu, je vous donne Blérain. »
Et il lui met la corde dans la main, en jurant qu'elle ne lui appartient plus.
« Ami, tu as agi avec sagesse, dit le prêtre. Repars chez toi, tu as fait ce que tu devais.
Si tous mes paroissiens étaient aussi sages que toi, j'aurais un grand nombre de bêtes. »
Le vilain repart. Aussitôt le prêtre ordonne que, pour l'apprivoiser, on attache Blérain avec sa propre vache, Brunain. On attache les deux vaches ensemble et on les laisse.
La vache du curé voulait brouter : elle baisse la tête. Mais Blérain ne le supporte pas et elle tire si fort sur la corde qu'elle entraîne Brunain hors du pré. Elle la mène ainsi à travers les fermes, les jardins, les prés et elle revient chez elle avec la vache du prêtre. Le vilain la voit arriver et ressent une grande joie.
« Ah ! femme, dit-il, c'est vrai que Dieu rend le double ! Blérain est revenue, avec une belle grande vache brune. Nous en avons deux pour une. Notre étable va être trop petite ! »

D'après Jean Bodel, *La vache du prêtre*, XIIe siècle.

Miniature du XVe siècle, Bibliothèque nationale de France, Paris.

B Un poème de Rutebeuf

Que sont mes amis devenus
Que j'avais de si près tenus
Et tant aimés
Ils ont été trop clairsemés
Je crois le vent les a ôtés
L'amour est morte
Ce sont amis que vent me porte
Et il ventait devant ma porte
Aussi le vent les emporta.

Rutebeuf, *Poèmes de l'infortune*, XIIIe siècle.

Lis le fabliau.

1. Que dit le curé au paysan ? Que souhaite-t-il en réalité ?
2. Que dit le paysan en voyant arriver les deux vaches ?
3. De qui ce fabliau se moque-t-il ? Justifie ta réponse.

Lis le poème.

4. De quoi parle ce poème ?
5. Quel sentiment le poète éprouve-t-il ?
6. Comment comprends-tu l'image du vent ?

VOCABULAIRE

un fabliau → un court récit qui critique en se moquant.

la poésie → l'art de combiner les mots, les rythmes, les sons pour exprimer des émotions, des sentiments.

Les arts du quotidien

Les tapisseries

Les **tapisseries** apparaissent en Europe au Moyen Âge. Leur succès est très grand à partir du XIIIe siècle. Elles sont suspendues aux murs des demeures seigneuriales, des châteaux, pour protéger du froid et des courants d'air. Elles sont aussi décoratives.

La Dame à la licorne - tapisserie : *la vue*
Auteur anonyme - 3,5 mètres de haut - musée du Moyen Âge de Cluny, Paris - fin du XVe siècle

Le fond est décoré de végétaux et d'animaux.

Deux arbres (un chêne et un houx), derrière la scène centrale, complètent le décor.

Au centre, une dame élégante est entourée de deux animaux.

Une licorne pose ses pattes avant sur les genoux de la dame. Elle se regarde dans un miroir.

La tapisserie est réalisée sur un métier à **tisser** où se croisent des fils de soie et de laine. Elle se compose de six grands panneaux dont cinq représentent les sens : la vue, l'ouïe, l'odorat, le toucher et le goût. On voit sur chacun d'eux la même dame entourée d'un lion et d'une **licorne** ainsi que de petits animaux qui ont l'air de vivre en harmonie. Le lion tient l'**étendard** d'un puissant personnage, Jean Le Viste. On ne sait pas qui est la dame au centre. Peut-être la tapisserie a-t-elle été réalisée pour la célébrer, ou bien à l'occasion d'un mariage...

Observe l'image.

1. Quel sens est représenté ? Justifie ta réponse.
2. La licorne est un animal imaginaire. Décris-la.
3. Le fond de la tapisserie s'appelle un mille-fleurs. Peux-tu dire pourquoi ? De quoi est-il aussi décoré ?
4. Quels animaux y reconnais-tu ?

VOCABULAIRE

une tapisserie → un panneau décoratif tissé, qu'on tend sur un mur.

tisser → entrelacer des fils pour faire un tissu.

une licorne → un animal légendaire avec un corps de cheval, une tête de bouc et une longue corne au milieu du front.

un étendard → un drapeau représentant une famille, une ville ou un État.

Le Moyen Âge

Les arts du son

La musique médiévale

Sur une période qui couvre plus de 800 ans, la musique prend des formes multiples au Moyen Âge et s'épanouit dans deux domaines : le religieux et le **profane**.

A La musique religieuse
Manuscrit du milieu du XIIIe siècle, bibliothèque de Laon.

En Occident, dans la religion chrétienne, des textes latins sont lus pendant la messe. Ils sont accompagnés de chants pour aider à la prière et à la méditation. Différentes manières de chanter existent selon les régions.
Au VIe siècle, le pape Grégoire Ier fait mettre au point une forme unique de chant qu'on appelle depuis **grégorien**.
Il s'agit d'un chant à l'unisson : les chanteurs exécutent la même mélodie en même temps.
À partir du XIIe siècle, on note la musique par des signes carrés.

> **Observe l'image.**
> 1. Sur quoi les notes de musique sont-elle disposées ?
> 2. Le texte est écrit en latin. D'après l'image, de quoi peut-il parler ?

B Les premières polyphonies

Au XIIe siècle, une nouvelle manière de chanter apparaît. Dans un même morceau, plusieurs voix se chevauchent, se répondent et se complètent. C'est la naissance de la **polyphonie**.
Cette manière de chanter se trouve dans les chants religieux comme dans les chants profanes. Du XIIe au XIVe siècle, la polyphonie devient de plus en plus riche, en particulier avec Guillaume de Machaut (1300-1377).

VOCABULAIRE

une musique, un texte profanes → une musique, un texte qui ne sont pas religieux.

le chant grégorien → un chant religieux catholique du Moyen Âge, à une seule voix.

la polyphonie → un chant à plusieurs voix différentes.

32

C Troubadours et trouvères
Miniature du XIIIe siècle, bibliothèque de l'Escurial, Madrid.

Aux XIIe-XIIIe siècles, des poèmes sont chantés par les **troubadours** en langue d'oc au sud de la Loire, et par les **trouvères** en langue d'oïl au nord. Le premier troubadour connu est Guillaume IX d'Aquitaine.
Les chants des troubadours et des trouvères sont des mélodies simples.
Les textes sont presque toujours des paroles d'amour adressées à une Dame souvent inaccessible. Il s'agit d'un amour profond, plein de respect et d'admiration.

Observe l'image.

3. À gauche, un personnage joue du luth, à droite, un autre joue de la vièle. Connais-tu des instruments qui leur ressemblent ?

> J'aime qui jamais ne me verra,
> D'autre amour en mon cœur il n'y a
> Sauf d'une dame jamais vue.
> Nulle joie ne me réjouit.
> Je ne sais quel bien m'en viendra.
>
> Jaufré Rudel, troubadour, poème vers 1140.

D Des instruments de musique
Miniature de 1500, Bibliothèque nationale de France, Paris.

Observe l'image.

4. Retrouve le psaltérion sur cette image de la fin du Moyen Âge.

5. Quels sont les deux instruments de chaque côté de la dame ?

6. À quelle famille appartiennent les instruments dont jouent les personnages, dans le fond ?

Au Moyen Âge, on utilise divers instruments de musique. Le psaltérion est un instrument qu'on joue en pinçant, en grattant et en frappant des cordes.

VOCABULAIRE

un troubadour → un poète musicien du Moyen Âge qui écrit en langue d'oc (du sud de la Loire).

un trouvère → un poète musicien du Moyen Âge qui écrit en langue d'oïl (du nord de la Loire).

Le Moyen Âge **33**

Les arts du spectacle vivant

Les spectacles médiévaux

Au Moyen Âge, des fêtes populaires, comme le **carnaval**, sont liées à la religion chrétienne. D'autres sont réservées à la noblesse, comme le **tournoi**. Elles ont lieu en plein air.

A Le carnaval

Le roi Carnaval

Bruegel l'Ancien, *Le Combat entre Carnaval et Carême* (détails), 1559, Kunsthistorisches Museum, Vienne.

Dans l'Europe chrétienne, le carnaval dure trois jours. Il a lieu avant le **carême**. Les gens se déguisent et portent des masques. Ils se déplacent en cortège dans les rues en chantant et en dansant, en faisant des farces.
Ils s'arrêtent pour jouer une brève scène comique **improvisée** ou pour applaudir un cracheur de feu… Pendant le carnaval, on mange de la viande et du gras (beignets, gaufres…), qui seront interdits pendant le carême.

Observe l'image de gauche.
1. Que porte le roi Carnaval à la main ?
2. Que voit-on sur le plateau à gauche ?
3. Décris ceux qui accompagnent Carnaval.

Observe l'image de droite.
4. Décris cette scène.

B Le tournoi

Enluminure extraite du *Livre des tournois*, XVe siècle, Bibliothèque nationale de France, Paris.

Le tournoi est un combat entre des chevaliers du Moyen Âge. Il permet de montrer sa force, de s'entraîner à la guerre et de gagner de l'argent en capturant l'adversaire et son cheval. Les chevaliers combattent d'homme à homme ou en mêlée générale, à pied, avec la hache, l'épée et la masse d'armes. Le vainqueur reçoit de la main de la reine du tournoi une couronne, un vêtement brodé, une armure ou un cheval.

Observe l'image et lis le texte.
5. Comment les chevaliers combattent-ils ?
6. Où les spectateurs sont-ils installés ?
7. À quoi voit-on que ce n'est pas la guerre ?

VOCABULAIRE

le carnaval → la période de trois jours de fête qui précède le carême.

un tournoi → au Moyen Âge, une fête où les chevaliers combattent à cheval.

le carême → la période avant Pâques pendant laquelle on ne mange ni viande ni gras.

improviser → inventer sans préparation.

Les arts du spectacle vivant

Le théâtre médiéval

Au Moyen Âge, le théâtre est surtout religieux : on représente des scènes de la vie de Jésus et des saints devant les églises. Ces pièces de théâtre appelées **mystères** peuvent durer plusieurs jours.

Les **farces** sont des pièces populaires jouées dans les foires et sur les places. Elles sont courtes et les auteurs sont souvent inconnus. Tous les textes sont écrits en vers et en ancien français.

■ *La Farce du cuvier* - 1465

C'est le jour de la lessive à la maison. Jacquinot est fatigué d'obéir à sa femme et à la mère de sa femme. Sa femme tombe dans le cuvier où on lave le linge. Elle appelle à l'aide. Jacquinot consulte la liste de tout le travail qu'il a à faire.

LA FEMME, *tombée dans le cuvier*
Mon Dieu, ne m'abandonnez pas !
Ayez pitié de ma pauvre âme !
Aidez-moi à sortir de là,
Ou je mourrai en grande honte.

LA MÈRE
Jacquinot, secourez votre femme,
Tirez-la hors de ce baquet.

JACQUINOT
Cela n'est point sur ma liste.

LA FEMME
Que ce linge me presse
Et que le cœur m'oppresse
J'en ai grande détresse.
Las ! Pour Dieu, sortez-moi de là.

JACQUINOT
Cela n'est point sur ma liste.
Qui prétendrait le contraire
Irait tout droit en enfer.

LA FEMME
Hélas ! Si on ne s'occupe pas de moi,
La mort va venir m'enlever.

JACQUINOT, *lisant sa liste*
« Pétrir et cuire le pain, faire la lessive,
Tamiser la farine, laver, décrasser… »

LA FEMME
J'ai déjà le sang tout tourné ;
Je suis sur le point de mourir.

JACQUINOT
« Balayer, laver et frotter… »

LA FEMME
Songez vite à me secourir !

Auteur anonyme.

Gravure de 1896, Bibliothèque nationale de France, Paris.

Observe l'image.

1. La femme vient de tomber dans le cuvier ; qui est le personnage à gauche ?

Lis le texte.

2. Aide-toi de l'introduction. Pourquoi Jacquinot ne sort-il pas sa femme du cuvier ?
3. Que demande la femme ? De quoi a-t-elle peur ?
4. Que répète Jacquinot ?

 VOCABULAIRE

un mystère → au Moyen Âge, une pièce de théâtre avec un sujet religieux, représentée devant les églises.

une farce → une petite pièce de théâtre comique qui se moque de la vie quotidienne des gens.

un cuvier → un grand baquet dans lequel on lave le linge.

Le Moyen Âge

Les arts visuels

La peinture et la sculpture gothiques

Pendant la période gothique (XIIe-XVe siècles), les peintres et les sculpteurs réalisent leurs plus belles œuvres pour les églises. Ils représentent un monde divin qui ne ressemble pas à celui des hommes, pour bien montrer les différences entre Dieu et l'humanité.

A Cimabue, *La Vierge en majesté*

Peinture sur bois - 4,25 m x 2,43 m - galerie des Offices, Florence - vers 1285

Le fond et les **auréoles** des personnages sont **dorés à la feuille d'or**.

Marie est représentée sur un trône. Elle tient son fils Jésus sur ses genoux.

Les **anges** se ressemblent tous.

Les **ombres propres** existent mais le volume n'est pas très développé : la robe a l'air assez « plate ». La dorure à la feuille d'or donne de la lumière au tableau.
Tous les personnages divins (Marie, Jésus et les anges) regardent le spectateur. C'est une caractéristique très importante de la peinture religieuse du Moyen Âge. À cette époque, c'est l'image qui regarde le spectateur plus que l'inverse.

Observe l'image.

1. Quel est le personnage le plus important du tableau ? Comment le peintre fait-il pour le montrer ?
2. Comment est le fond ?
3. Qui Marie et Jésus regardent-ils ?

B L'Annonciation
Cathédrale de Reims - chaque statue : environ 3 m - XIIIe siècle

Les statues sont posées contre le mur de la cathédrale, ce qui est une caractéristique de l'art gothique.
Dans l'art roman, on sculpte surtout directement sur les murs.

Vocabulaire

une auréole → un cercle coloré placé autour de la tête d'un personnage peint, pour montrer sa divinité.

doré à la feuille → recouvert de feuilles d'or très fines.

un ange → dans certaines religions, un être qui sert d'intermédiaire entre Dieu et les hommes.

Les manuscrits enluminés

Avant l'invention de l'imprimerie, la copie à la main était le seul moyen d'obtenir plusieurs exemplaires d'un même livre. Les copistes **calligraphes** étaient également souvent peintres et ils décoraient eux-mêmes leurs textes.

■ *Les Grandes Heures du duc de Berry*
Peinture et encre sur **parchemin** - 40 cm x 30 cm - Bibliothèque nationale de France, Paris - 1409

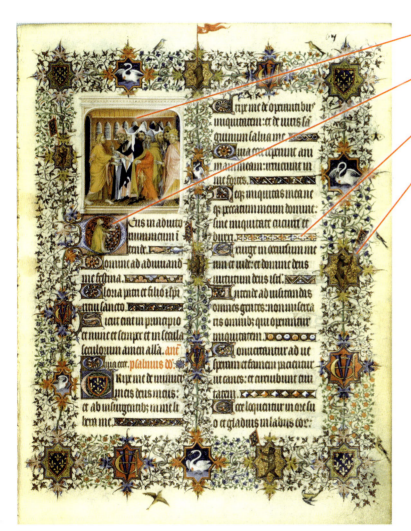

Une image isolée illustre le texte.

La première lettre du texte est plus grosse et elle est décorée : c'est la **lettrine**.

Chaque fin de ligne de paragraphe est complétée par une frise décorative.

Le texte est encadré d'un décor très riche.

Observe l'image.
1. Parviens-tu à lire cette page ? Pour quelle raison ?
2. Regarde la lettrine. Quelle lettre est décorée ? Trouve une lettrine sur cette page de ton livre.
3. Sur l'enluminure, dis ce qui est **graphique** et ce qui ne l'est pas.

Sur les **manuscrits**, les **enluminures** sont peintes à la main, le plus souvent avec de la **gouache**. Elles sont constituées de lettrines ornées d'une ou deux illustrations **figuratives** et d'un contour décoratif.
Le texte et l'image sont présentés côte à côte ; ils ne sont mélangés que dans les lettrines.

VOCABULAIRE

un parchemin → une peau d'animal (mouton, agneau, chèvre) préparée spécialement pour écrire dessus.

une lettrine → une lettre, ornée ou non, placée au commencement d'un chapitre.

un manuscrit → un ouvrage écrit à la main.

une enluminure → une lettre décorée ou une image peinte ornant les manuscrits du Moyen Âge.

la gouache → une peinture à l'eau qui devient opaque en séchant.

figuratif → qui représente la forme reconnaissable d'un objet réel ; en art, *figuratif* est le contraire d'*abstrait*.

Le Moyen Âge **37**

Les Temps

Château
d'Azay-le-Rideau,
1518

| 1450 | 1500 | 1550 | 1600 |

1494-1547
règne de François Ier

1455
*Premier livre
imprimé par
Gutenberg*

1492
*Christophe Colomb
découvre
l'Amérique*

Masaccio,
Sainte Anne, Marie et Jésus,
1424

Poèmes
de Ronsard
(1524-1585)
et de Du Bellay
(1522-1560)

Monteverdi,
Orfeo,
1607

Léonard de Vinci,
La Joconde, 1503

modernes

Fables de La Fontaine (1621-1695)

Poussin, *L'Adoration des mages*, 1633

Mozart (1756-1791)

1650　　　1700　　　1750　　　1800

1661-1715 règne de Louis XIV

14 juillet 1789

Bach, *Concertos brandebourgeois*, 1721

Rubens, *L'Adoration des mages*, 1624

Début de la construction du château de Versailles, 1668

Molière, *Le Bourgeois gentilhomme*, 1670

Les arts visuels

La peinture et la sculpture au XVe siècle

Au XVe siècle, en Italie, les peintres et les sculpteurs redécouvrent les œuvres de l'Antiquité. Le monde divin qu'ils représentent ressemble beaucoup au monde humain.

A Masaccio, *Sainte Anne, Marie et Jésus*
Peinture sur bois - 1,75 m x 1,03 m - galerie des Offices, Florence - 1424

B Donatello, *David*
Bronze - 1,58 m (hors socle) - musée du Bargello, Florence - 1430-1432

Anne (la mère de Marie), Marie et l'Enfant Jésus sont au centre.

Les **ombres propres** sont travaillées avec un **dégradé** très fin.

Les anges sont tous différents.

Il y a des **ombres portées**.

Dans la Bible, David est un berger qui abat le géant Goliath. Donatello le représente comme un beau jeune homme.
Il s'inspire des statues de l'Antiquité (page 17) pour la nudité et la position du corps.

Les trois personnages sont disposés les uns au-dessus des autres, dans l'ordre des générations.
Le tableau s'organise selon une **profondeur par plans.**
Les ombres propres ont pour but de créer une impression de volume : genoux, épaules, corps de l'enfant. C'est le **modelé**. La présence d'ombres portées ainsi que la tenture tenue par les anges renforcent l'impression de profondeur.

> **Observe l'image.**
> 1. Qu'est-ce qui indique que cette scène est religieuse ?
> 2. Cite les éléments du tableau en les ordonnant du premier au dernier plan.
> 3. Compare avec l'œuvre de Cimabue (page 36).

VOCABULAIRE

la profondeur par plans → la manière de représenter la profondeur dans une image plate, par superposition d'éléments dessinés ou peints (premier plan, deuxième plan..., arrière-plan).

le modelé → le relief des formes, en peinture et en sculpture.

Les arts visuels

La peinture et la sculpture au XVIe siècle

Au début du XVIe siècle, les peintres et les sculpteurs italiens affinent les techniques et les savoirs redécouverts ou inventés par leurs aînés. Ils réalisent des œuvres très abouties qui serviront de modèle aux artistes des siècles suivants.

A Léonard de Vinci, *La Joconde*
Peinture à l'huile sur bois - 77 cm x 53 cm - musée du Louvre, Paris - 1503-1506

Les peintres de la Renaissance s'intéressent à d'autres sujets que ceux tirés de la Bible. Ils réalisent les **portraits** de gens de leur entourage. C'est une nouveauté. La peinture à l'huile (invention récente) leur permet de créer des modelés avec un fort effet de volume.

Pour réaliser le fond de son tableau, Léonard de Vinci utilise la **perspective atmosphérique**. Il invente la technique du **sfumato**, qui permet à une figure de mieux s'intégrer dans un décor.

Le décor représente un paysage qui donne l'impression de s'enfoncer très loin.

Les contours du personnage sont légèrement flous.

Les **modelés** sont réalisés avec des **dégradés** extrêmement fins. Exemples : front, menton, cou et mains.

Observe l'image.
1. À quoi voit-on que ce personnage n'est pas divin ?
2. La lumière vient-elle d'une seule ou de plusieurs directions ? Lesquelles ?

B Michel-Ange, *Pietà*
Marbre - hauteur = 1,74 m - basilique Saint-Pierre de Rome, Vatican - 1498-1500

Observe l'image.
3. *Pietà* signifie « pitié », c'est-à-dire attendrissement. Qu'est-ce qui le montre, selon toi ?

Michel-Ange sculpte Marie tenant Jésus mort. Il représente des personnages divins d'une manière humaine : il s'agit ici de la douleur d'une mère.
Les positions des membres, le rendu des muscles et des plis donnent à la sculpture une forte impression de vie.

VOCABULAIRE

un portrait → une représentation en image d'une personne.

la perspective atmosphérique → l'art de donner l'illusion de la profondeur par la couleur : plus les choses sont éloignées, plus on les peint « floues » et bleutées.

sfumato → en l'italien, « enfumé » ; en peinture, ce mot désigne l'art de créer des modelés et des contours vaporeux (« fumeux »).

Les Temps modernes **41**

Les arts du langage

La poésie de la Renaissance

La Pléiade, un groupe de poètes réunis autour de Ronsard (1524-1585) et de Du Bellay (1522-1560), veut créer une poésie française aussi belle que la poésie de l'Antiquité. Le groupe invente de nouvelles formes de poésie.

A Un poème de Ronsard

Ronsard a écrit beaucoup de poèmes d'amour, comme celui-ci, adressé à une dame nommée Cassandre.

Mignonne, allons voir si la rose,
Qui ce matin avait déclose[1]
Sa robe de pourpre au soleil,
A point perdu cette vesprée[2]
Les plis de sa robe pourprée
Et son teint au vôtre pareil.

Las ! voyez comme en peu d'espace[3]
Mignonne, elle a dessus la place
Las, las, ses beautés laissé choir.
O vraiment marâtre nature
Puisqu'une telle fleur ne dure
Que du matin jusques au soir !

Donc, si vous me croyez, mignonne,
Tandis que votre âge fleuronne[4]
En sa plus verte nouveauté,
Cueillez, cueillez votre jeunesse
Comme à cette fleur la vieillesse
Fera ternir votre beauté.

Pierre de Ronsard, *Odes*, I, 17.

1. ouvert.- 2. ce soir.- 3. de temps.- 4. resplendit.

B Un poème de Du Bellay

Dans ce poème, Du Bellay évoque son village natal, Liré, qui lui manque alors qu'il se trouve à Rome.

Heureux qui, comme Ulysse, a fait un beau voyage
Ou comme cestuy-là[1] qui conquit la toison[2],
Et puis est revenu, plein d'usage et raison,
Vivre entre ses parents le reste de son âge !

Quand reverrai-je, hélas, de mon petit village
Fumer la cheminée, et en quelle saison
Reverrai-je le clos de ma pauvre maison
Qui m'est une province et beaucoup davantage ?

Plus me plaît le séjour qu'ont bâti mes aïeux
Que des palais romains les fronts audacieux ;
Plus que le marbre dur me plaît l'ardoise fine ;

Plus mon Loir gaulois que le Tibre[3] latin
Plus mon petit Liré que le mont Palatin[4]
Et plus que l'air marin la douceur angevine.

Joachim Du Bellay, *Les Regrets*, sonnet 3.

1. celui-là.- 2. Jason, qui conquit la Toison d'or.- 3. fleuve de Rome.- 4. colline de Rome.

Lis le texte A.

1. Qu'est-il arrivé à la rose ?
2. Quel conseil Ronsard donne-t-il à la dame dans la troisième strophe ?

Lis le texte B.

3. Quel voyage a fait Ulysse ? Cherche qui est Jason.
4. Quels mots évoquent le village du poète ? Lesquels évoquent Rome ?
5. Qu'est-ce qui montre que le poète regrette son village ?

Un village en Anjou.

Les arts du quotidien

Objets d'art et costumes de la Renaissance

Dans le nouveau confort de leurs châteaux, les riches et les puissants s'entourent d'objets d'art de haute qualité. Les arts de la table et de l'habillement se développent alors fortement.

A Bernard Palissy, plat rustique - céramique vernissée - 52 cm - 1565-1575

Le plat de céramique est orné de représentations d'animaux.

L'ensemble est recouvert d'**émaux** aux couleurs très brillantes.

Observe l'image.
1. Quels animaux reconnais-tu ?
2. Qu'est-ce qui rend ces représentations si **réalistes** ?

Par un tâtonnement **expérimental**, Bernard Palissy retrouve les techniques antiques de fabrication des émaux. Pour réussir dans cette recherche qui demande des cuissons à très haute température, il va jusqu'à brûler le mobilier de sa maison !

B Bal à la cour d'Henri III

À la Renaissance, tous les arts font renaître l'Antiquité, sauf les arts du costume. En effet, les habits antiques (pages 16 et 17) montrent trop le corps pour la société française du XVIe siècle. La mode de la Renaissance évolue donc, à la suite du Moyen Âge, en continuant à cacher les corps sous de belles étoffes très colorées.

Tableau de l'École Française, vers 1581, musée national du Château de Versailles.

VOCABULAIRE

rustique → qui montre (ou vient de) la campagne.

l'émail, les émaux → un vernis coloré qui se solidifie comme du verre à haute température.

expérimental → qui est formé d'expériences (*expérimental* et *scientifique* sont des mots proches).

Les Temps modernes **43**

Les arts du son

La musique de la Renaissance à l'âge classique

Comme les autres domaines artistiques du XVIe au XVIIIe siècle, la musique évolue d'une époque à l'autre. On distingue ainsi trois périodes musicales : la Renaissance, le baroque et le classicisme. L'opéra apparaît dès la Renaissance.

A La musique de la Renaissance (1500-1600)

À la Renaissance, le chant choral atteint un haut degré de perfectionnement. Les papes favorisent la musique religieuse, qui doit être au service des textes sacrés.
La **chanson** en langue française naît à cette époque. Un de ses meilleurs représentants, Clément Janequin, écrit une chanson pour célébrer la victoire de François Ier à Marignan (1515). Les paroles imitent les cris des soldats et le bruit des armes.

Lis la chanson.

1. Quels instruments sont cités dans la première strophe ?
2. Dans les deux strophes, trouve des mots qui font du bruit. Dis ce qu'ils imitent.

> Écoutez tous, la victoire du noble
> roi François...
> Fifres soufflez, frappez tambours...
> Sonnez trompettes et clairons...
> Fan frere le le le fan feyne
> Fa ri ra ri ra fa ri ra
>
> Bruyez, tonnez bombardes et canons...
> Von pa ti pa toc von von
> Ta ri ra ri ra ri ra reyne ....
> Chipe chope torche lorgne
> Pa ti pa toc tricque trac zin zin
> Tue ! À mort, serre !
> Courage prenez, frappez, tuez.
>
> Clément Janequin, *Chanson de la guerre*, 1528.

B La naissance de l'opéra (fin du XVIe siècle)

Une représentation d'*Orfeo* de Monteverdi à l'opéra de Lille en 2005.

Observe l'image.

3. Reconnais-tu l'instrument de musique posé derrière la chanteuse ?

Aux fêtes données dans les cours européennes, la musique et le théâtre s'associent à la danse pour donner naissance à un genre nouveau, l'**opéra**.
Dans un opéra, les personnages dialoguent en chantant. Ils expriment leurs sentiments ou racontent les événements par des morceaux appelés airs.
L'**orchestre** accompagne les paroles ou souligne les moments importants.
Monteverdi compose le premier opéra en 1607, *Orfeo*. Il raconte l'histoire d'Orphée qui, dans la **mythologie** grecque, réussit à charmer les bêtes sauvages et les humains grâce à son instrument de musique, la lyre. Orphée descend aux Enfers chercher sa femme Eurydice qui y est prisonnière.

VOCABULAIRE

une chanson → un texte mis en musique pour être chanté ; la chanson est divisée en strophes appelées couplets ; entre les couplets revient un même texte : le refrain.

un opéra → une œuvre théâtrale mise en musique, avec orchestre et chanteurs.

un orchestre → un groupe de musiciens qui jouent d'instruments divers.

C La musique baroque (1610-1750)

La musique composée pendant cette période est appelée « baroque ». Les compositeurs utilisent tous les procédés pour émouvoir : beauté de la voix et des sons des instruments, mélodies riches, rythmes variés…

Cette musique s'impose dans toute l'Europe. À Venise, Vivaldi compose de très nombreux **concertos** pour violon, comme *Les Quatre Saisons* ; en Angleterre, Haendel écrit de splendides musiques de fête pour la cour, comme la *Water Music* (« musique sur l'eau ») ; en Allemagne, Jean-Sébastien Bach, qui écrit surtout de la musique religieuse, compose aussi les *Concertos brandebourgeois* ; en France, à Versailles, Lully et Charpentier composent pour Louis XIV.

Enfin, sous Louis XV, Rameau produit plusieurs opéras comme *Les Indes galantes* en 1735, qui raconte un voyage au pays des Incas.

Une mise en scène des *Indes galantes* de Rameau à Paris en 2008.

Observe l'image.
4. D'après toi, qui sont les personnages ?
5. Que représente le décor ?

D La musique classique (1750-1810)

Le père de Mozart et ses deux enfants, aquarelle du XVIIIe siècle, musée Condé, Chantilly

Dans la deuxième moitié du XVIIIe siècle, des règles pour composer la musique sont fixées. La forme **sonate** s'impose : il convient de présenter un thème, de l'utiliser plusieurs fois en le transformant et d'y revenir. Ces règles s'appliquent dans les morceaux d'opéras et dans les **symphonies**.

Un génie domine cette période : Wolfgang Amadeus Mozart. Enfant prodige, il compose dès l'âge de cinq ans ; à partir de six ans, il donne des concerts dans toute l'Europe. À dix-sept ans, il a déjà écrit plus de 200 morceaux !

Parmi ses œuvres, on peut citer de nombreuses messes, 49 symphonies et des opéras comme *La Flûte enchantée*.

Observe l'image.
6. De quel instrument le jeune Mozart joue-t-il ? Et son père ?
7. Que fait sa sœur ?

VOCABULAIRE

un concerto ➜ une œuvre dans laquelle un instrument soliste dialogue avec l'orchestre.

une sonate ➜ un morceau de musique pour un ou deux instruments.

une symphonie ➜ une œuvre pour orchestre en quatre parties.

Les Temps modernes **45**

Les arts de l'espace

L'architecture de la Renaissance française

Au XVIe siècle, les rois et les nobles construisent des châteaux. Ceux-ci perdent peu à peu le rôle de forteresse qu'ils avaient au Moyen Âge. Ils deviennent des demeures ouvertes où il fait bon vivre.

■ Château d'Azay-le-Rideau (Indre-et-Loire) - 1518-1524

- Les sommets des toitures sont effilés et pointus.
- Des sculptures ornent les parties hautes du monument.
- De larges fenêtres sont ouvertes dans les pentes du toit. Ce sont les lucarnes.
- Les fenêtres sont divisées en quatre parties par des **meneaux**.

Le château d'Azay-le-Rideau, construit sous François Ier, reprend des éléments du Moyen Âge : murs épais, tours d'angle, **douves**. Sa **modernité** consiste à favoriser le bien-être de la vie quotidienne par l'ouverture de grandes fenêtres à meneaux et de lucarnes, et la décoration par les sculptures ornementales.
Les architectes de la Renaissance italienne ont influencé cette architecture avec leur goût de la symétrie et du décor.

Observe l'image.

1. Compare les formes de ce château avec la forteresse de Carcassonne (page 24).
   Qu'est-ce qui est différent ? Identique ?
2. Selon toi, qu'est-ce qui montre que ce n'est pas une forteresse ?
3. Recherche les **axes de symétrie** de chaque façade du château.

VOCABULAIRE

un meneau → une pièce de bois qui divise une fenêtre en compartiments.

un axe de symétrie → une ligne droite qui sépare deux parties semblables, comme dans un miroir.

une douve → une fosse remplie d'eau entourant un château.

la modernité → ce qui est moderne ; moderne : qui tient compte de toutes les nouveautés de son époque.

Les arts du langage

La littérature au XVIIᵉ siècle : fables et contes

Jean de La Fontaine (1621-1695) est surtout connu pour ses douze livres de **fables**.
Charles Perrault récrit des contes populaires qu'il réunit en 1697 sous le titre
Histoires du temps passé ou *Contes de ma mère l'Oye*. Les contes deviennent alors à la mode.

A La Fontaine : *La Grenouille qui veut se faire aussi grosse que le Bœuf*

> Une Grenouille vit un Bœuf
> Qui lui sembla de belle taille.
> Elle, qui n'était pas grosse en tout comme un œuf,
> Envieuse, s'étend, et s'enfle, et se travaille
> Pour égaler l'animal en grosseur,
> Disant : « Regardez bien, ma sœur ;
> Est-ce assez ? dites-moi ; n'y suis-je point encore ?
> – Nenni. – M'y voici donc ? – Point du tout. – M'y voilà ?
> – Vous n'en approchez point. » La chétive pécore[1]
> S'enfla si bien qu'elle creva.
> Le monde est plein de gens qui ne sont pas plus sages :
> Tout bourgeois veut bâtir comme les grands seigneurs,
> Tout prince a des ambassadeurs,
> Tout marquis veut avoir des pages.
>
> Jean de La Fontaine, *Fables*, Livre I, fable 3.
>
> 1. Le faible animal.

Illustration de Benjamin Rabier, 1906,
© Éditions Tallandier.

Lis la fable.

1. Résume l'histoire.

2. Récris la morale avec tes propres mots.

3. Tu as déjà lu une fable dans ce livre (page 14). Où La Fontaine trouve-t-il les sujets de ses fables ?

B Perrault : *Cendrillon*

Le père de Cendrillon s'est remarié avec une femme qui a deux filles. Celles-ci sont invitées au bal que donne le fils du Roi.

Les voilà bien aises et bien occupées à choisir les habits et les coiffures qui leur siéraient le mieux ; nouvelle peine pour Cendrillon, car c'était elle qui repassait le linge de ses sœurs. On ne parlait que de la manière dont on s'habillerait. « Moi, dit l'aînée, je mettrai mon habit de velours rouge et ma garniture d'Angleterre. – Moi, dit la cadette, je n'aurai que jupe ordinaire ; mais en récompense, je mettrai mon manteau à fleurs d'or, et ma barrière de diamants. » […]
Elles appelèrent Cendrillon pour lui demander son avis, car elle avait bon goût. Cendrillon les conseilla le mieux du monde, et s'offrit même à les coiffer ; ce qu'elles voulurent bien.
En les coiffant, elles lui disaient : « Cendrillon, serais-tu bien aise d'aller au Bal ?
– Hélas, Mesdemoiselles, vous vous moquez de moi, ce n'est pas là ce qu'il me faut.
– Tu as raison ; on rirait bien si on voyait un Cucendron aller au Bal. »
Une autre que Cendrillon les aurait coiffées de travers ; mais elle était bonne, et les coiffa parfaitement bien.

Charles Perrault, *Contes de ma mère l'Oye*.

Lis le conte.

4. Comment les deux sœurs traitent-elles Cendrillon ? Comment celle-ci réagit-elle ?

5. Rappelle ce qui se passe ensuite.

Les Temps modernes **47**

Les arts du spectacle vivant

Le théâtre au XVIIᵉ siècle

Au XVIIᵉ siècle, Corneille et Racine écrivent des **tragédies**. Elles s'inspirent de l'Antiquité grecque et romaine. Molière (1622-1673) est acteur et directeur de troupe de théâtre. Il écrit de nombreuses **comédies**. Pour la cour de Louis XIV, il compose des **comédies-ballets** qui comportent des scènes chantées et dansées. La musique est de Lully.

■ **Une comédie-ballet de Molière :** *Le Bourgeois gentilhomme* - 1670

Monsieur Jourdain, un bourgeois de Paris, veut devenir gentilhomme. Il s'habille à la mode et se croit beau dans son nouveau costume. Il appelle sa servante.

MONSIEUR JOURDAIN. – Nicole !
NICOLE. – Plaît-il ?
MONSIEUR JOURDAIN. – Écoutez.
NICOLE, *rit*. – Hi, hi, hi, hi, hi.
MONSIEUR JOURDAIN. – Qu'as-tu à rire ?
NICOLE. – Hi, hi, hi, hi, hi, hi.
MONSIEUR JOURDAIN. – Que veut dire cette coquine-là ?
NICOLE. – Hi, hi, hi. Comme vous voilà bâti ! Hi, hi, hi.
MONSIEUR JOURDAIN. – Comment donc ?
NICOLE. – Ah, ah, mon Dieu. Hi, hi, hi, hi, hi.
MONSIEUR JOURDAIN. – Quelle friponne est-ce là ? Te moques-tu de moi ?
NICOLE. – Nenni, Monsieur, j'en serais bien fâchée. Hi, hi, hi, hi, hi, hi.
MONSIEUR JOURDAIN. – Je te baillerai¹ sur le nez, si tu ris davantage.
NICOLE. – Monsieur, je ne puis pas m'en empêcher. Hi, hi, hi, hi, hi.
MONSIEUR JOURDAIN. – Tu ne t'arrêteras pas ?
NICOLE. – Monsieur, je vous demande pardon ; mais vous êtes si plaisant, que je ne saurais me tenir de rire. Hi, hi, hi.
MONSIEUR JOURDAIN. – Mais voyez quelle insolence.
NICOLE. – Vous êtes tout à fait drôle comme cela. Hi, hi.
MONSIEUR JOURDAIN. – Je te…
NICOLE. – Je vous prie de m'excuser. Hi, hi, hi, hi.
MONSIEUR JOURDAIN. – Tiens, si tu ris encore le moins du monde, je te jure que je t'appliquerai sur la joue le plus grand soufflet qui se soit jamais donné.
NICOLE. – Hé bien, Monsieur, voilà qui est fait, je ne rirai plus.

Molière, *Le Bourgeois gentilhomme*, Acte III, scène 2.
1. Frapperai.

Jérôme Savary et le Grand Magic Circus dans une représentation du *Bourgeois gentilhomme* en 1985.

Lis l'introduction. Observe l'image.

1. Qu'a voulu faire Monsieur Jourdain ? De quoi a-t-il l'air ?

Lis le texte.

2. Que fait la servante en voyant Monsieur Jourdain ?
3. Qu'est-ce que son maître menace de faire ?
4. Comment Nicole réagit-elle à chaque fois ?
5. À ton avis, Monsieur Jourdain réussira-t-il à devenir gentilhomme en changeant de costume ?

VOCABULAIRE

une comédie-ballet → une pièce de théâtre qui comporte des textes parlés et chantés ainsi que des danses.

48

 **Les arts visuels**

La peinture intimiste des XVIIe et XVIIIe siècles

La religion protestante, qui s'installe dans les pays du nord de l'Europe au XVIe siècle, ne favorise pas la représentation de personnages divins. Les peintres s'intéressent donc à des sujets non religieux, comme le **portrait** et la **nature morte**. Leur talent inspire des peintres français.

A Rembrandt, *Autoportrait avec sa femme*
Dessin - Bibliothèque nationale de France, Paris - 1636

Le premier plan est très précis, **contrasté** et assez sombre.

De nombreuses ombres sont visibles sur la droite du tableau.

B Chardin, *Le Gobelet d'argent*
Huile sur toile - 33 cm x 41 cm - musée du Louvre, Paris - 1768

Jean-Siméon Chardin est français. Aux grandes peintures religieuses ou guerrières, il préfère les natures mortes de petit format qui représentent la vie de tous les jours.

Pour réaliser cet **autoportrait**, Rembrandt s'est regardé fixement dans un miroir. Il n'est donc pas gaucher, c'est le reflet de sa main droite qu'il a dessiné. L'outil employé oblige le peintre à n'utiliser qu'une seule couleur, le noir, et à créer le **dégradé** des ombres par des **hachures** plus ou moins serrées.

Observe l'image.
1. Regarde les habits des deux personnages : d'après toi, sont-ils riches ou pauvres ?
2. Où se trouve la signature du peintre ?
3. Avant la Renaissance, as-tu déjà rencontré des peintres qui signaient leurs œuvres ? Lesquels ?

 VOCABULAIRE

une nature morte → une peinture ou un dessin représentant des objets ou des êtres inanimés.

un contraste → l'opposition de deux choses dont l'une fait ressortir l'autre.

un autoportrait → le portrait d'un peintre (ou dessinateur) réalisé par lui-même.

une hachure → des petits traits parallèles et croisés qui représentent les ombres d'un dessin.

Les Temps modernes

Les arts visuels

L'art baroque

À partir du XVIIe siècle, un art se développe en Italie. Il est au service de l'Église catholique, en réaction contre la religion protestante. Cet art veut étonner, éblouir par des effets de mouvements et des contrastes lumineux. Plus tard appelé « baroque », il devient le **style** de toute l'Europe catholique jusqu'à la fin du XVIIIe siècle.

■ Rubens, *L'Adoration des mages*
Huile sur toile - 4,47 m x 3,36 m - musée royal des Beaux-Arts, Anvers - 1624

Les nombreux personnages semblent se presser et beaucoup bouger.

Les **lignes de force** sont surtout obliques et courbes.

Les couleurs sont vives et très contrastées.

L'Enfant Jésus est sur les genoux de sa mère.

Observe l'image.

1. Est-il facile de reconnaître exactement les Rois mages ?
2. D'où viennent les Rois mages ? Trouve des éléments qui le montrent (à l'arrière-plan).
3. Quelles sont les parties les plus éclairées du tableau ?
4. Quels éléments forment des lignes droites horizontales ou verticales ? Sont-ils nombreux ?

Ce tableau représente un sujet chrétien : les Rois mages viennent d'Orient rendre hommage à l'Enfant Jésus. Tout n'est que mouvement et déséquilibre.
Les sujets principaux ne sont pas au centre de l'image : le groupe de Rois mages est décentré sur la gauche.
Tous les personnages sont expressifs et leurs expressions sont très diverses.

VOCABULAIRE

un style → une manière particulière de peindre, de sculpter ou de bâtir, qui change selon les époques.

des lignes de force → en peinture, des lignes simples sur lesquelles s'installent les éléments de l'image.

L'art classique

Au XVIIe siècle, en France, un art se développe dans le respect des principes de la Renaissance : l'art classique. Il favorise l'ordre, la mesure, et s'inspire des œuvres de l'Antiquité.

▪ Nicolas Poussin, *L'Adoration des mages*
Huile sur toile - 1,60 m x 1,82 m - galerie de peinture des maîtres anciens, Dresde - 1633

Les couleurs sont très **unifiées** et peu contrastées.

Il y a de l'espace entre les personnages et autour d'eux. La **composition** est **aérée**.

Le groupe des Rois mages est au centre de l'image.

Les personnages s'organisent selon une **ligne de force** horizontale qui indique l'Enfant Jésus.

Nicolas Poussin est le peintre officiel de Louis XIII. Son influence sur les peintres du siècle de Louis XIV est considérable.
La composition des œuvres classiques est fondée sur une dominante de lignes de force horizontales et verticales. L'oblique et la courbe sont plus rares. Les scènes classiques sont centrées.

Observe l'image.
1. Les visages des Rois mages sont-ils très expressifs ?
2. Désigne quelques lignes de force horizontales et verticales. Trouves-tu des lignes courbes ? Sont-elles nombreuses ?
3. Compare cette œuvre à celle de la page 50. L'une et l'autre représentent la même scène. L'art baroque et l'art classique se ressemblent-ils ?

VOCABULAIRE

unifier → rendre semblable ou proche ; réunir en un seul élément.

une composition → l'organisation des différentes parties d'une image (formes, couleurs).

aéré → où l'air circule, où on peut respirer.

Les Temps modernes **51**

Les arts de l'espace

L'art des jardins aux XVIIe et XVIIIe siècles

En 1682, Louis XIV décide de s'installer avec sa cour à Versailles.
Il souhaite alors que son palais ouvre sur le plus grand et le plus beau jardin jamais vu.
André Le Nôtre réalise pour le Roi-Soleil un jardin immense, qui suit les saisons et la lumière.

A Le palais et le jardin de Versailles (Yvelines)
Façade de Jules Hardouin-Mansart commencée en 1668 - jardin de Le Nôtre

Les **parterres** du jardin ont un dessin géométrique.

Les haies et les arbustes sont taillés rigoureusement : on les nomme des **topiaires**.

Par endroits, il y a des bassins et des fontaines.

Observe l'image.
1. Du côté nord du château, Le Nôtre choisit de donner à ses parterres des formes opposées à celles du côté sud : peux-tu imaginer lesquelles ?

C'est un jardin « à la française ». Ses parterres sont dessinés selon des formes très géométriques. Ici, on voit le parterre sud, ensoleillé, où il fait bon vivre : il est orné de fleurs multicolores plantées en cercles et en **volutes**. Dans ce type de jardin, il s'agit de dompter la nature.

B Le jardin du Petit Trianon, Versailles
Richard Mique - entre 1776 et 1783

Au XVIIIe siècle, un jardin est construit au Petit Trianon de Versailles.
Entièrement fait par l'homme, il doit cependant donner l'impression qu'on se promène dans une nature libre et sauvage.
C'est un jardin « à l'anglaise ».

Observe l'image.
2. À quoi voit-on que ce jardin n'est aucunement sauvage, en réalité ?

 VOCABULAIRE

un parterre → la partie d'un jardin aménagée de compartiments de plantations, avec quelquefois des fontaines.

un topiaire → un arbre taillé selon des formes géométriques.

Les arts de l'espace

Les places royales aux XVIIe et XVIIIe siècles

En ville, les places permettent de ménager des espaces de **respiration**. La place royale, construite autour de la statue du roi, rappelle sa puissance à la population. Elle abrite des édifices publics et peut servir de lieu de rassemblement pour les grandes occasions.

■ Jules Hardouin-Mansart, *La place Vendôme*, Paris
8 hectares - 1699

| Cette place royale est très vaste. Elle est ainsi différente des rues serrées et étroites de la ville.

| Il y a une unité dans les façades des immeubles qui l'entourent.

| Un élément vertical très haut est placé en son centre.

C'est Jules Hardouin-Mansart, l'un des **architectes** du palais de Versailles, qui a fait construire cette place.
Il l'a d'abord entièrement dessinée. Tous les immeubles doivent y suivre le même **programme architectural** : façades unicolores, rez-de-chaussée en arcades pour les commerces, premier étage haut pour les appartements, deuxième étage moins haut et mansardes pour le personnel des propriétaires.
À l'origine, cette place s'appelle « place Louis le Grand ». On y trouve une grande statue de Louis XIV (la colonne actuelle a été installée en 1810), comme le montre la gravure ancienne ci-contre.

Pierre-Alexandre Aveline, *Vue en perspective de la place Louis le Grand* - Gravure - XVIIIe siècle.

| **Observe la photographie actuelle.**

1. Trouve des ressemblances entre les façades de cette place et celles du château de Versailles (page 52).
2. Quels éléments de ces façades rappellent l'architecture de l'Antiquité gréco-romaine ? Compare avec les pages 19 et 20.

VOCABULAIRE

un architecte → une personne qui construit des maisons, des bâtiments, des monuments.

une respiration → en architecture, en peinture et en sculpture, une partie de l'œuvre assez vide, où l'œil peut « se reposer », « respirer ».

un programme architectural → l'ensemble des conditions à remplir (formes, matériaux) pour réaliser une construction selon ce que l'architecte dessine sur ses plans.

Les Temps modernes

Le XIXe siècle

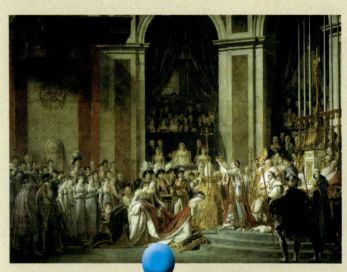

David,
Le Sacre de Napoléon, 1805

Delacroix,
La Mort de Sardanapale, 1827

Berlioz,
La Symphonie fantastique, 1830

1800　1804　1810　1820　1830　1840

1804-1815
Napoléon Ier empereur

Beethoven
(1770-1827)

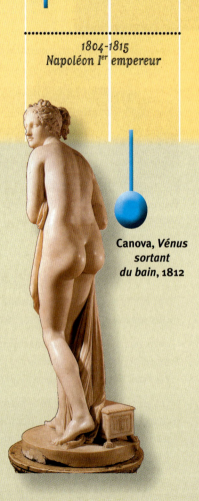

Canova, *Vénus sortant du bain*, 1812

Première photographie de Niepce, 1827

54

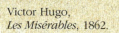

Les arts du langage

Romans et nouvelles au XIXᵉ siècle

Au XIXᵉ siècle, on lit de plus en plus de **romans**. Les grands romanciers - Balzac, Flaubert, Zola - décrivent la société et les individus. Le roman *Les Misérables* de Victor Hugo (1802-1885) est un des plus célèbres au monde : l'auteur y dénonce la misère et l'injustice. D'autres récits sont publiés : romans historiques, **nouvelles**, dont les célèbres *Lettres de mon moulin*, d'Alphonse Daudet (1840-1897).

A Un roman de Victor Hugo : *Les Misérables*

La petite Cosette a été recueillie chez les Thénardier, qui la maltraitent. Elle va être battue parce qu'elle vient de toucher à la poupée des filles de la maison. Un homme, qui l'a rencontrée dans la journée, assiste à la scène.

L'homme alla droit à la porte de la rue, l'ouvrit et sortit. Dès qu'il fut sorti, la Thénardier profita de son absence pour allonger sous la table à Cosette un grand coup de pied qui fit jeter à l'enfant les hauts cris. La porte se rouvrit, l'homme reparut, il portait dans ses deux mains une poupée fabuleuse que tous les marmots du village contemplaient depuis le matin, et il la posa devant Cosette en disant :
– Tiens, c'est pour toi...
Cosette leva les yeux, elle avait vu venir l'homme à elle avec cette poupée comme elle eût vu venir le soleil, elle entendit ces paroles inouïes : c'est pour toi, elle le regarda, elle regarda la poupée, puis elle recula lentement, et s'alla cacher tout au fond sous la table dans le coin du mur. Elle ne pleurait plus, elle ne criait plus, elle avait l'air de ne plus oser respirer.

Gravure du XIXᵉ siècle, Bibliothèque nationale de France, Paris.

Victor Hugo, *Les Misérables*, 1862.

B Une nouvelle d'Alphonse Daudet

Monsieur Seguin a une nouvelle chèvre qu'il voudrait bien garder, car six se sont déjà enfuies de chez lui.

Un jour, la chèvre se dit en regardant la montagne :
– Comme on doit être bien là-haut !
Quel plaisir de gambader dans la bruyère, sans cette maudite longe qui vous écorche le cou !... C'est bon pour l'âne ou pour le bœuf de brouter dans un clos !... Les chèvres, il leur faut du large. À partir de ce moment, l'herbe du clos lui parut fade. L'ennui lui vint. Elle maigrit, son lait se fit rare. C'était pitié de la voir tirer tout le jour sur sa longe, la tête tournée du côté de la montagne, la narine ouverte, en faisant Mê !... tristement. M. Seguin s'apercevait bien que sa chèvre avait quelque chose, mais il ne savait pas ce que c'était... Un matin, comme il achevait de la traire, la chèvre se retourna et lui dit dans son patois :
– Écoutez, monsieur Seguin, je me languis chez vous, laissez-moi aller dans la montagne.
– Comment, Blanquette, tu veux me quitter ?
Et Blanquette répondit :
– Oui, monsieur Seguin.

Alphonse Daudet, *Lettres de mon moulin*, 1869.

Lis le texte A.

1. Pourquoi l'homme fait-il ce cadeau à Cosette ?
2. La réaction de Cosette est-elle celle d'une enfant ?

Lis le texte B.

3. Pourquoi la chèvre de Monsieur Seguin veut-elle s'enfuir ?
4. Pourquoi Monsieur Seguin veut-il la retenir ?

Vocabulaire

un roman → au sens moderne, un long récit qui raconte une histoire imaginée, parfois à partir de la réalité.

une nouvelle → un court récit.

Les arts du langage

La poésie au XIXe siècle

Au début du XIXe siècle, les poètes comme Lamartine, Musset et Hugo expriment avec force ce qu'ils ressentent devant la vie, l'amour, la mort, la société.
Vers 1850, Charles Baudelaire (1821-1867), trouvant que « tout a été dit », cherche d'autres mots pour décrire la beauté qu'il défend avant tout.
À la fin du siècle, Paul Verlaine (1844-1896) veut créer dans ses textes « de la musique avant toute chose ».

A Un poème de Baudelaire : *Le chat*

De sa fourrure blonde et brune
Sort un parfum si doux, qu'un soir
J'en fus embaumé, pour l'avoir
Caressée une fois, rien qu'une.

C'est l'esprit familier du lieu ;
Il juge, il préside, il inspire
Toutes choses dans son empire ;
Peut-être est-il fée, est-il dieu ?

Quand mes yeux, vers ce chat que j'aime
Tirés comme par un aimant,
Se retournent docilement,
Et que je regarde en moi-même,

Je vois avec étonnement
Le feu de ses prunelles pâles,
Clairs fanaux, vivantes opales,
Qui me regardent fixement.

Charles Baudelaire, *Les Fleurs du mal*, 1857.

B Un poème de Verlaine : *Chanson d'automne*

Les sanglots longs
Des violons
De l'automne
Blessent mon cœur
D'une langueur
Monotone.

Tout suffocant
Et blême, quand
Sonne l'heure,
Je me souviens
Des jours anciens
Et je pleure ;

Et je m'en vais
Au vent mauvais
Qui m'emporte
Deçà, delà,
Pareil à la
Feuille morte.

Paul Verlaine, *Poèmes saturniens*, 1866.

Dessin illustrant *Chanson d'automne*, Bibliothèque nationale de France, Paris.

Lis le poème A.

1. Quels aspects du chat sont présentés ?
2. Quelle impression ce chat fait-il sur le poète ?
3. En quoi semble-t-il mystérieux ?
4. Cette présentation te semble-t-elle bien évoquer un chat ?

Lis le poème B.

5. Quels sentiments Verlaine ressent-il devant l'automne ?
6. Quels éléments du poème peuvent justifier le mot du titre : « Chanson » ?

Les arts du son

La musique au XIXᵉ siècle

Au début du XIXᵉ siècle un **mouvement artistique** se développe : le **romantisme**. Les musiciens, comme les autres artistes, veulent exprimer en toute liberté leurs sentiments, leurs révoltes et leurs angoisses, leur joie. Ils veulent les partager avec le plus grand nombre d'auditeurs, dans un esprit de fraternité. C'est pourquoi ils abandonnent les règles classiques.

A La musique symphonique

Beethoven est surtout célèbre pour ses neuf symphonies. Il se veut autonome, libre de créer son art comme il l'entend. Il fait éclater les formes traditionnelles de la musique. Ainsi, il ajoute un chœur à la fin de la *Neuvième Symphonie*. La quatrième partie de cette symphonie a été choisie comme **hymne** officiel des pays de l'Union européenne. En voici le début en français.

> Joie ! Belle étincelle des dieux
> Fille de l'Élysée,
> Nous entrons l'âme enivrée
> Dans ton temple glorieux.
> Tes charmes relient
> Ce que la mode en vain détruit ;
> Tous les hommes deviennent frères
> Là où tes douces ailes reposent.

Lis le texte.

1. Que célèbre cet hymne ?
2. Quels mots conviennent à un hymne européen ?

B L'orchestre moderne

Une caricature d'un concert dirigé par Berlioz, gravure, 1846, bibliothèque de l'Opéra, Paris.

Berlioz est le créateur de l'orchestre moderne. Il utilise un nombre important d'instruments (100 dans la *Symphonie fantastique*) et sollicite des instruments employés surtout à l'opéra : la harpe, la grosse caisse et même les cloches.

Observe l'image.

3. Qui est le **chef d'orchestre** sur cette **caricature** ?
4. Que pense le dessinateur de sa musique ?

VOCABULAIRE

un mouvement artistique → le regroupement d'artistes autour d'une même vision de l'art.

le romantisme → un mouvement artistique du début du XIXᵉ siècle qui cherche à donner une grande place à l'imagination, aux sentiments.

un chef d'orchestre → un musicien qui dirige un orchestre.

une caricature → un dessin amusant qui fait rire des défauts d'une personne.

C La musique pour piano

Dans la première moitié du XIXe siècle, le piano est l'instrument roi. Tous les compositeurs écrivent pour cet instrument : Beethoven, Schubert, Mendelssohn, Schumann...
Le piano permet à des compositeurs **virtuoses** comme Frédéric Chopin et Franz Liszt d'exprimer sensibilité, rêverie et émotion.

Observe l'image.
5. Où le pianiste prend-il son inspiration ?
6. Quelle est l'attitude de ceux qui l'écoutent ?

Josef Danhauser, *Liszt au piano (regardant le buste de Beethoven)* ; tableau du début du XIXe siècle.

D L'opéra

En Italie, Rossini renouvelle *l'opéra* en écrivant des œuvres enlevées, vivantes, comme le *Barbier de Séville* (1816). Elles lui valent un grand succès partout en Europe.
Giuseppe Verdi veut surtout raconter des histoires pleines de passion, d'événements dramatiques, de combats pour la liberté. Il accorde une place importante aux chœurs. Beaucoup sont très connus, comme le chœur des esclaves, de *Nabucco* (1842). En Allemagne, Richard Wagner (1813-1883) bouleverse l'écriture musicale.
L'opéra doit être le lieu de rencontre de tous les arts. Wagner s'inspire des anciennes légendes nordiques, comme celles de *Lohengrin* ou de *Parsifal*. Dans son œuvre, la voix des chanteurs rivalise de puissance avec l'orchestre.

Au cours du XIXe siècle, Paris est une des capitales européennes de l'opéra. Georges Bizet y fait représenter *Carmen* en 1875.
C'est l'opéra le plus populaire et le plus connu de nos jours. Il raconte l'histoire de don José, qui, aveuglé par son amour pour Carmen, en viendra à la tuer.

Carmen de Bizet, mise en scène de Jérôme Savary en 2004.

Observe la photographie.
7. Observe la position de l'homme. Comment voit-on qu'il chante et qu'il ne parle pas ?
8. Que semblent ressentir les deux personnages ?

VOCABULAIRE
un virtuose → un musicien capable de jouer des morceaux très difficiles.

Le XIXe siècle

Les arts du spectacle vivant

La danse classique

La danse classique respecte des règles définies par l'Académie royale de danse fondée par Louis XIV. Un ensemble de pas, de sauts et d'arabesques lui donne son **style**.
Au début du XIXe siècle, la danse évolue beaucoup.
Le nombre de danseuses dépasse désormais largement celui des danseurs à qui ce genre était jusque-là principalement réservé.

A De nouvelles règles

À partir de 1862, le maître de ballet russe Marius Petipa impose de nouvelles règles.
- La position des pas est codée.
- Toutes les danseuses dansent sur les pointes.
- Les interprètes **étoiles** doivent être mis en valeur dans des solos et dans les finales des **ballets**.

> **Observe l'image.**
> 1. Quelles propositions de Petipa sont illustrées dans cette image ?
> 2. Quelle impression se dégage ?

Sofiane Sylve dans *Le Lac des cygnes*, musique de Tchaïkovski, English National Ballet en 2007.

B Un spectacle complet

Le Lac des cygnes, musique de Tchaïkovski, par le London City Ballet en 2008.

Marius Petipa demande au compositeur russe Tchaïkovski d'écrire la musique de ballets comme *La Belle au Bois dormant* (1890), *Casse-noisette* (1892) et *Le Lac des cygnes* (1895). Il en réalise la **chorégraphie**.

> **Observe l'image.**
> 3. Quels éléments de l'image montrent que c'est un spectacle complet ?
> 4. À quoi reconnaît-on les danseurs étoiles ?

VOCABULAIRE

une étoile → un danseur ou une danseuse vedette d'un ballet.

un ballet → un spectacle de danse exécuté par plusieurs personnes.

une chorégraphie → l'art de composer un ballet avec les pas, les figures et les déplacements des danseurs.

Les arts du spectacle vivant

Le théâtre au XIXe siècle

À la fin des années 1820, Victor Hugo écrit des **drames** dans lesquels il s'agit de « faire passer du sérieux au rire, du grave au doux, du plaisant au sévère ». À la fin du XIXe siècle, Alfred Jarry écrit une **farce** qui, sous des aspect amusants, dénonce des faits graves.

A Un drame romantique de Victor Hugo : Ruy Blas, 1838

Au XVIIe siècle, à la cour d'Espagne, un ministre est chassé par la reine. Pour se venger, il ordonne à son valet Ruy Blas de se faire passer pour un noble sous le nom de Don César et de séduire la reine. Mais le vrai Don César réapparaît. Piégé par sa véritable identité, Ruy Blas se donne la mort.

Ruy Blas fait quelques pas en chancelant vers la Reine.
LA REINE. Que voulez-vous ?
RUY BLAS, *joignant les mains.* Que vous me pardonniez, Madame !
LA REINE. Jamais.
RUY BLAS. Jamais ! *Il se lève et marche lentement vers la table.* Bien sûr ?
LA REINE. Non, jamais !
RUY BLAS. *Il prend la fiole posée sur la table, la porte à ses lèvres et la vide d'un trait.* Triste flamme, éteins-toi !
LA REINE, *éperdue.* Don César !
RUY BLAS. Quand je pense, pauvre ange, que vous m'avez aimé !
LA REINE. Quelle est cette boisson étrange ? Qu'avez-vous fait ? César ! Je te pardonne et t'aime, et je te crois !
RUY BLAS. Je m'appelle Ruy Blas.
LA REINE, *l'entourant de ses bras.* Ruy Blas, je vous pardonne !

Victor Hugo, *Ruy Blas*, Acte V, scène 4.

Lis le texte.

1. Que doit révéler Ruy Blas à la reine ?
2. Quels sont les sentiments des deux personnages l'un pour l'autre ?
3. Que comprend la reine à la fin ? Que dit-elle ?

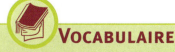

VOCABULAIRE
un drame → une pièce de théâtre dont le sujet tragique s'accompagne de moments comiques.

B Une farce d'Alfred Jarry : Ubu roi, 1896

Ubu est un dictateur dans une Pologne imaginaire. Avec l'aide de sa femme, la Mère Ubu, il règne en maître et veut devenir riche.

PÈRE UBU. – Apportez la caisse à Nobles et le crochet à Nobles et le couteau à Nobles et le bouquin à Nobles ! Ensuite, faites avancer les Nobles.
(On pousse brutalement les Nobles.)
MÈRE UBU. – De grâce, modère-toi, Père Ubu.
PÈRE UBU. – J'ai l'honneur de vous annoncer que pour enrichir le royaume je vais faire périr tous les Nobles et prendre leurs biens.
NOBLES. – Horreur ! À nous, peuple et soldats !
PÈRE UBU. – Amenez le premier Noble et passez-moi le crochet à Nobles. Ceux qui seront condamnés à mort, je les passerai dans la trappe, ils tomberont dans les sous-sols du Pince-Porc et de la Chambre-à-Sous, où on les décervèlera.
– *(Au Noble.)* Qui es-tu, bouffre ?
LE NOBLE. – Comte de Vitepsk.
PÈRE UBU. – De combien sont tes revenus ?
LE NOBLE. – Trois millions de rixdales.
PÈRE UBU. – Condamné !
(Il le prend avec le crochet et le passe dans le trou.)
MÈRE UBU. – Quelle basse férocité !

Alfred Jarry, *Ubu Roi*, Acte III, scène 2.

Dessin d'Alfred Jarry, Bibliothèque nationale de France, Paris.

Observe l'image. Lis le texte.

4. Pourquoi Père Ubu porte-t-il une cagoule de bourreau ?
5. Que souhaite-t-il ? Qu'arrive-t-il à ceux qui sont condamnés ?
6. Qu'est-ce qui rend le texte drôle ?

Les arts du son

La musique folklorique et traditionnelle

De tout temps, les gens ont chanté pour se donner du courage au travail, pour bercer leurs enfants, pour affirmer leur unité...
Cette tradition se transmet au cours des siècles. Au XIXe siècle, elle s'enrichit.

■ La chanson populaire : *régions, métiers et histoires*

Dans chaque région de France, des **chansons populaires** traditionnelles existent depuis le Moyen Âge. *En passant par la Lorraine* date des guerres de Louis XIV, *Adieu Madras* (Martinique) de la fin du XVIIIe siècle. D'autres chansons rythment les gestes du travail : labours, semailles, récoltes. Elles décrivent la fierté, les difficultés des ouvriers, leurs révoltes aussi : *Les Maçons de la Creuse*, la *Chanson des gueules noires* (mineurs). *Les Canuts* est une chanson écrite par Aristide Bruant au XIXe siècle ; elle évoque les ouvriers de la soie de Lyon et leur révolte contre la misère.

Au cours de la Révolution française, de nombreux chants sont composés. En 1792, Rouget de l'Isle écrit *La Marseillaise* pour encourager les volontaires républicains à partir au combat contre l'Autriche. Elle devient **l'hymne national** de la France.

Gravure du XIXe siècle, Bibliothèque nationale de France, Paris.

La page est illustrée de soldats qui marchent au pas.

La *Marche des Marseillais* est imprimée sur une feuille, accompagnée de la **partition**.

Observe l'image.

1. Sais-tu chanter le début de *La Marseillaise* ?
2. À quelles occasions la chante-t-on aujourd'hui ?

VOCABULAIRE

une chanson populaire → une suite de paroles qui se chantent sur une musique, qui s'adresse à tous.

un hymne national → un chant choisi par un pays pour le représenter dans les cérémonies officielles.

une partition → une musique écrite.

La peinture néo-classique

Jacques Louis David est le peintre de la Révolution française, dans laquelle il était engagé. Il devient le peintre officiel de Napoléon Bonaparte et a pour charge de peindre le **sacre** de l'empereur. Dans cette œuvre de commande et d'histoire, les personnages sont représentés grandeur nature.

Jacques Louis David, *Le Sacre de Napoléon*
Huile sur toile - 6,29 m x 9,79 m - musée du Louvre et musée du château de Versailles - 1805-1807

- Les membres de la famille impériale sont assis dans une loge.
- La cérémonie a lieu dans la cathédrale Notre-Dame de Paris, en présence du Pape.
- L'Empereur est habillé d'une toge rouge et porte une couronne de laurier, comme un empereur romain.
- Joséphine, sa femme, est agenouillée devant lui.

David est présent à la cérémonie ; il y réalise de nombreux **croquis**. Il est placé en hauteur, dans une loge. Il a pourtant choisi de représenter la scène en **vue frontale**, comme un spectateur qui la verrait du premier rang des invités. Les personnages qu'on voit sur le tableau étaient présents à la cérémonie, sauf la mère de Napoléon qui a été ajoutée dans la loge, au centre du tableau. Ils ont tous posé pour le peintre.

Observe l'image.

1. Observe bien la scène centrale. S'agit-il précisément du sacre de Napoléon ? Qui couronne qui ?
2. Qu'est-ce qui montre qu'on est dans une église ?
3. Recherche les **lignes de force** du tableau. Sont-elles plutôt horizontales, verticales, obliques ou courbes ?
4. On dit que la peinture de David est **néo**-classique ; compare ce tableau avec celui de Nicolas Poussin (page 51). Qu'en penses-tu ?

VOCABULAIRE

un sacre → une cérémonie religieuse pour le couronnement d'un roi, d'un empereur.

un croquis → un dessin d'essai et de recherche réalisé avant une œuvre (souvent au crayon ou à la plume).

une vue frontale → la présentation d'un objet de face et en position verticale (s'oppose à la vue de haut et à la vue de côté).

néo- → nouveau ; néo-classicisme signifie « nouveau classicisme » ou « renouveau du classicisme ».

Le XIXe siècle

Les arts de l'espace

Le Paris de Haussmann et l'opéra Garnier

Sous le Second Empire, Georges Eugène Haussmann, préfet de la Seine de 1853 à 1869, entreprend de grands travaux de rénovation de Paris. Il ouvre de larges avenues, crée des gares et des ponts. Il fait réaliser des jardins et des parcs.

A L'avenue de l'Opéra (Haussmann - 1874) et l'opéra Garnier (1867-1875)
Photographie colorisée - fin du XIXe siècle

Les immeubles ont sept étages (le dernier, un peu en retrait, est inclus dans le toit).

L'avenue est très large : elle débouche sur un monument, l'Opéra.

Observe l'image.

1. Le deuxième étage comporte les ouvertures les plus hautes. À ton avis, qui y habite ? Quel élément met cet étage en valeur ?
2. Quelle est la fonction du rez-de-chaussée ?
3. À ton avis, pourquoi l'avenue est-elle aussi large ?

Les façades des immeubles haussmanniens sont sévères : elles sont **rectilignes** et sans couleurs. Sur l'avenue, on peut voir les éclairages, les devantures des boutiques, des cafés et des restaurants. Napoléon III commande un nouvel opéra : Charles Garnier, son architecte, bâtit un monument qui s'oppose à l'austérité de l'avenue. Pour cela, il multiplie les formes rondes comme le **dôme** qui le surplombe, les sculptures, les marbres et les dorures sur ses façades.

B La place Charles-de-Gaulle, Paris, ancienne place de l'Étoile - 2e moitié du XIXe siècle

Observe l'image.

4. Pourquoi cette place se nomme-t-elle à l'origine « place de l'Étoile » ?

VOCABULAIRE

rectiligne → en ligne droite.

un dôme → un toit élevé, de forme arrondie, qui surmonte certains monuments.

un boulevard → une voie urbaine, large et souvent plantée d'arbres.

Les grands **boulevards** haussmanniens sont larges et organisent l'urbanisme parisien.

Les arts de l'espace

L'architecture industrielle : les gares

Au XIXe siècle, les **architectes** et les **ingénieurs** apprennent à se servir du métal comme matériau principal. Le fer, l'**acier** et la **fonte** permettent des constructions beaucoup plus grandes et hautes qu'auparavant. Ils seront utilisés pour construire les nouveaux types de bâtiments, très vastes, que nécessite le développement du chemin de fer : les gares.

■ Victor Laloux, *La façade de la gare de Tours* (Indre-et-Loire) - 1895-1898

Des statues décorent la façade.
Elles représentent les principales villes desservies :
Limoges, Nantes, Bordeaux, Toulouse.

Deux grandes **verrières** ouvrent sur la façade en pierre.

Le métal permet de construire des **voûtes** immenses. Leur structure métallique est presque toujours « habillée » d'une façade de pierre. Elle présente alors des formes classiques, les seules considérées comme belles à cette époque : unité colorée, sculptures et reliefs décoratifs.

Observe l'image.

1. Quel est le rôle des ingénieurs dans cette construction ?
2. Repère la voûte sur la photographie. Quel est le matériau utilisé dans cette structure ?
3. En quels matériaux les verrières sont-elles réalisées ?
4. Comment la façade est-elle décorée ?
5. Dresse la liste de toutes les formes qui rappellent le classicisme sur la façade. (Pour cela, compare-la aux divers édifices classiques et néo-classiques que tu as déjà vus, pages 17, 19, 20 et 53).

VOCABULAIRE

un ingénieur ➞ une personne qui dirige l'aspect technique des travaux.

l'acier ➞ un métal dur et résistant obtenu par un alliage de fer et d'une petite quantité de carbone.

la fonte ➞ un alliage de fer et de carbone réalisé dans un haut fourneau.

une verrière ➞ une grande paroi ou voûte vitrée (l'armature qui soutient le verre est le plus souvent en métal).

Le XIXe siècle

Les arts visuels

Le romantisme en peinture

Au XIXe siècle, un **Salon** officiel de la peinture se tient à Paris tous les deux ans. On y accepte des œuvres de style **néo-classique** et on rejette les œuvres d'artistes nouveaux ou différents. Le peintre Delacroix y présente des œuvres qui bouleversent les habitudes **picturales** et font plusieurs fois scandale.

■ Eugène Delacroix, *La Mort de Sardanapale*
Huile sur toile - 3,92 m x 4,96 m - musée du Louvre, Paris - 1827-1828

- Sardanapale surplombe et observe la scène.
- Les servantes lui apportent du poison sur un plateau.
- On assassine les femmes du roi, les domestiques et les animaux.

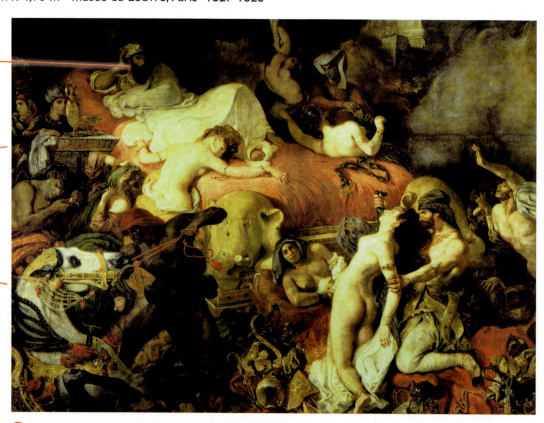

Sardanapale, roi assyrien de l'Antiquité, va être vaincu par ses ennemis. Plutôt que de se rendre, il ordonne la mort de tous ses sujets, avant de se suicider.
La grande violence de l'œuvre choque beaucoup le public de l'époque.
Certains jeunes écrivains, comme Victor Hugo, défendent Delacroix. Ils apprécient le **dynamisme** et la puissance de son œuvre. La peinture de Delacroix est **romantique** : elle exprime des sentiments très forts et les met en valeur par des couleurs vives.

Observe l'image.

1. Où se situe le sujet principal du tableau ?
   Est-il centré ou décentré ?
   Voit-on tous les personnages en entier ?
2. Recherche la ligne de force la plus importante de l'œuvre.
   Est-elle horizontale, verticale, oblique ou courbe ?
3. Quelles couleurs dominent ?
4. Cette œuvre est-elle **statique** ou **dynamique** ?
5. Dresse la liste des ressemblances et des différences entre l'œuvre de David (page 63) et celle de Delacroix.

VOCABULAIRE

un Salon de peinture ➔ un lieu où les artistes peintres concourent.

pictural ➔ qui se rapporte à la peinture.

66

 Les arts visuels

Les premières photographies

Depuis le XVIe siècle, la « chambre obscure », sorte de boîte munie d'une lentille optique, permet d'obtenir une image sur une plaque de verre dépoli. On décalque alors cette image au crayon, puis on la peint. En 1826, Niepce met au point des procédés chimiques qui permettent de **fixer** durablement l'image ainsi créée, sans l'aide du dessin.

A Niepce, *Point de vue pris d'une fenêtre à Saint-Loup-de-Varennes* (Saône-et-Loire)
Héliographie - 25,8 cm x 29 cm - musée de Chalon-sur-Saône - 1827

Cette image en noir et blanc est considérée comme la première photographie de l'histoire. Elle a nécessité une exposition à la lumière de huit heures. C'est pourquoi le bas est très sombre et les deux façades opposées sont éclairées, car en huit heures, le soleil a tourné !
Les formes sont difficiles à discerner, **floues** par endroits. Il y a beaucoup de **grain**.

Observe la photographie

1. Cette image te paraît-elle **réaliste** ? Précise ta réponse.

B Nadar, *Nadar en aéronaute*
Photographie - archives photographiques, Paris - 1858

Nadar est l'un des premiers grands photographes. Il réalise de nombreux **portraits** des personnalités de son époque.
Les photographies demandent un temps de pose de plusieurs minutes aux modèles.

Observe la photographie.

2. Lis les explications sous l'image. Cette photographie est-elle réellement prise dans le ciel ?

Vocabulaire

fixer → maintenir d'une manière durable dans un état déterminé ; en photographie, action qui permet à l'image de rester définitivement sur le support.

flou → dont le contour est trouble, imprécis ; en photographie, *flou* est le contraire de *net*.

le grain → l'aspect de la surface d'une photographie, selon la visibilité et la finesse des points qui la constituent.

Le XIXe siècle

Les arts visuels

Le réalisme en peinture

Depuis le XVIIe siècle, le **genre** « majeur » en peinture (la peinture religieuse, d'histoire ou de **mythologie**) est réservé aux grands **maîtres**. Les **genres** « mineurs » sont le portrait, le paysage et la nature morte. Au milieu du XIXe siècle, certains artistes décident d'abandonner le genre majeur pour peindre le monde réel. Ils se nomment eux-mêmes « les réalistes ».

A Jean-François Millet, *Les Glaneuses*
Huile sur toile - 0,83 m x 1,10 m - musée d'Orsay, Paris - 1857

- Les paysans entassent le blé (charrettes, meules).
- Le maître de la moisson à cheval surveille le travail.
- Des glaneuses ramassent le blé laissé au sol.

On ne voit pas le visage des glaneuses : Millet fait le « portrait » d'un travail, pas celui de travailleuses. Il n'aime ni la peinture **néo-classique** ni la peinture **romantique** : pour lui les personnages y ont des positions fausses et forcées.
Il veut montrer des scènes de la vie quotidienne des gens pauvres avec leurs gestes simples et vrais.

Observe l'image.

1. Qui voit-on au **premier plan** ? Décris l'**arrière-plan**.
2. D'où vient la lumière ? Que met-elle le plus en valeur ?
3. Dans les pages 63 et 66, trouves-tu des personnages qui correspondent à ce que Millet n'aime pas ? Lesquels ?

B Gustave Courbet, *Bonjour Monsieur Courbet*
Huile sur toile - 1,29 m x 1,49 m - musée Fabre, Montpellier - 1854

Gustave Courbet est l'inventeur du mot « réalisme ». Ce mot est, pour lui, une recherche « non pas de l'élégance mais de la vérité ». Ici, il se représente avec son attirail de peintre sur le dos, partant observer la nature, pour la **peindre sur le motif**.

VOCABULAIRE

un maître → un peintre qui dirige un atelier de peinture.

un genre → une catégorie, un type de sujet en peinture. Depuis le XVIIe siècle, les genres (« mineurs » ou « majeurs ») sont ordonnés par l'Académie.

peindre sur le motif → observer l'objet réel qu'on peint à l'endroit où il se trouve.

 Les arts visuels

La sculpture au XIXe siècle

Les sculpteurs du XIXe siècle travaillent selon le modèle classique issu de l'Antiquité et de la Renaissance. Alors que la plupart respectent totalement ce modèle, certains tentent de l'**interpréter**, pour inventer de nouvelles formes, comme Rodin.

A Rodin, *L'Ombre* - bronze - 1881

La position étrange du cou et de la tête paraît peu réaliste.

Le pied est fortement attaché au socle qui représente la terre.

La position du corps semble à la fois molle et un peu forcée.

La surface de la sculpture est travaillée avec de nombreux creux et bosses qui renvoient tous la lumière différemment.
Cela donne un effet de vibration et de vie à la peau du personnage, accentué par la matière utilisée : Auguste Rodin n'hésite pas à déformer des parties du corps, si cela lui permet d'**évoquer** avec plus de force ce qu'il veut exprimer.

> **Observe l'image.**
>
> 1. Cette œuvre est-elle **dynamique** ou **statique** ? Argumente ta réponse.
> 2. Le personnage représenté te semble-t-il puissant ou faible ? Pourquoi ?
> 3. Peux-tu donner une explication au titre de cette œuvre ?

B Antonio Canova, *Vénus sortant du bain*
Marbre - 172 cm x 52 cm x 55 cm - palais Pitti, Florence - 1812

L'Italien Antonio Canova est l'exemple du sculpteur néo-classique auquel Rodin veut s'opposer.

> **Observe l'image.**
>
> 4. Explique pourquoi cette œuvre est qualifiée de néo-classique. Tu peux t'aider pour cela des pages 17, 51 et 63.

VOCABULAIRE

interpréter → donner un sens, une signification personnelle (ou nouvelle) à quelque chose.

évoquer → faire penser à une chose sans dire ou montrer tout de cette chose, mais simplement quelques éléments ou parties.

Le XIXe siècle **69**

Les arts visuels

La révolution impressionniste

Les impressionnistes cherchent une nouvelle manière de peindre qui montre leurs **impressions** personnelles. Ainsi, leurs œuvres se démarquent fortement des images fabriquées mécaniquement par la photographie.

■ Claude Monet, *Impression, soleil levant*
Huile sur toile - 63 cm x 48 cm - musée Marmottan, Paris - 1872

| Les formes ne sont pas précises.

| On voit des **touches** de couleurs et des coups de pinceau.

Claude Monet veut montrer comment la lumière particulière de l'aube l'a impressionné. Il part donc avec sa toile pour observer le lever du soleil, au bord de la mer. Le soleil se lève vite et, en quelques minutes, la lumière aura changé. Il est donc obligé de travailler rapidement. C'est pourquoi les détails ont été volontairement négligés.
On peut cependant tout reconnaître ou deviner : bateaux, barques, personnages. Les coups de pinceau sont très visibles. Les touches donnent aussi l'impression du mouvement des vaguelettes.

> **Observe l'image.**
> 1. À quel moment de la journée se trouve-t-on ?
> 2. Que reconnais-tu sur ce tableau ?
> 3. Claude Monet invente une nouvelle manière de peindre qu'on a rapidement appelée impressionnisme. C'est ce tableau qui a inspiré ce nom. Pourquoi, selon toi ?

VOCABULAIRE

une impression → l'effet que fait sur quelqu'un une action, un objet ou un sentiment.

une touche → la trace du pinceau qui a posé la couleur sur la toile.

 Les arts visuels

Le post-impressionnisme

À la fin du XIXe siècle, la touche impressionniste a conquis de nombreux peintres. Vincent Van Gogh l'utilise pour exprimer sa forte sensibilité. Paul Cézanne s'en sert pour ramener le paysage à quelques formes simples et presque géométriques.

A Vincent Van Gogh, *Nuit étoilée sur le Rhône*
Huile sur toile - 72,5 cm x 92 cm - musée d'Orsay, Paris - 1888

La couleur et la lumière frappent l'œil avant la reconnaissance des formes. Chaque **touche** est bien visible. Il y a presque autant de touches que de **nuances** de couleur. Van Gogh cherche surtout à rendre son émotion devant la beauté d'une **ambiance** lumineuse.

> **Observe l'image.**
> 1. Où les lumières de la ville se reflètent-elles ? Comment les reflets sont-ils rendus ? Compare au tableau de Monet, page 70.
> 2. Repère les deux personnages. Comment se fondent-ils dans le paysage ?

B Paul Cézanne, *La Montagne Sainte-Victoire*
Huile sur toile - 63, 5 cm x 83 cm - Kunsthaus, Zurich - 1904-1906

> **Observe l'image.**
> 3. Que représente le tableau ? Quelles couleurs sont utilisées pour chaque plan ?
> 4. Quels sont les points communs entre les trois œuvres des pages 70 et 71 ?

Cézanne pose calmement ses touches de couleurs, par petits coups de pinceaux juxtaposés. Cela forme de petits espaces rectangulaires, carrés ou triangulaires ; il gomme les détails et transforme le paysage en une structure géométrique.

VOCABULAIRE

une nuance → l'état d'une couleur quand elle est mélangée avec plus ou moins d'une autre couleur.

l'ambiance → l'impression que donne l'environnement, selon sa sonorité, sa lumière, ses couleurs…

Le XIXe siècle

Les arts du quotidien

Les premières affiches modernes

À la fin du XIXe siècle, le peintre Toulouse-Lautrec est l'un des créateurs de l'**affiche** moderne. Il travaille ensemble le texte et l'image, pour mettre en valeur l'information. Son graphisme et le traitement de la couleur se prêtent parfaitement aux nouvelles techniques industrielles de reproduction.

■ **Henri de Toulouse-Lautrec,** *Jane Avril au Jardin de Paris* - 1893

Les lettres du texte sont dessinées.

Les couleurs sont peu nombreuses. Celles de la danseuse sont en **aplat**.

Le cadre de l'image naît de la ligne qui dessine le manche de la contrebasse.

Observe l'image.

1. Y a-t-il des éléments **stylisés** dans cette affiche ? Lesquels ?

2. Recherche la signature du peintre. Y reconnais-tu des lettres ? Lesquelles ? Sont-elles faites de courbes, comme les autres lignes de l'affiche ?

Dans les affiches de Toulouse-Lautrec, tout est graphique : la ligne tracée par sa main définit en effet non seulement le dessin, mais aussi les lettrages ; le texte est plus dessiné qu'écrit. Il y a peu de couleurs, elles ne sont pas vives. Traitées en aplat, elles sont exclusivement au service du dessin et du texte.

VOCABULAIRE

une affiche → une feuille de papier imprimée donnant une information par le texte et l'image, qu'on place généralement sur les murs.

un aplat → une couleur unie étalée de façon uniforme, ne laissant apparaître aucune touche de pinceau.

Les arts du quotidien

Tradition et Art nouveau au XIXe siècle

Au XIXe siècle, la porcelaine de Sèvres perpétue une tradition issue de l'Ancien Régime.
Vers 1890, les vases et le mobilier prennent de nouvelles formes ;
avec eux, on recherche une unité décorative dans l'aménagement intérieur de la maison.

A Manufacture de Sèvres
Service à thé égyptien offert par Napoléon à Joséphine le 29 décembre 1808 - porcelaine

Depuis sa création sous Louis XV, la manufacture de Sèvres fabrique des objets en lien avec le souverain qui gouverne. Ici, sous Napoléon Ier, le décor montre des dessins de l'art égyptien ancien, tout nouvellement découvert lors des campagnes de l'Empereur en Égypte.

B Émile Gallé, *Éléments de salle à manger* (1902) et vases (entre 1890 et 1919)

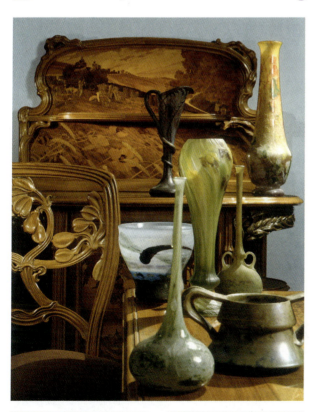

Les vases ressemblent à des fleurs en boutons ou sont décorés de formes **végétales**.

Le mobilier est fait de formes courbes rappelant des branches.

À la fin du XIXe siècle, un nouvel art s'oppose aux formes mécaniques de la révolution industrielle.
Il s'inspire des dessins naturels des plantes et des fleurs. Il cherche en même temps à **fabriquer en série** les meubles et les objets, pour qu'ils soient accessibles au plus grand nombre. C'est l'Art nouveau.

Observe l'image.
1. Pourquoi les formes végétales s'opposent-elles à celles des machines ?
2. Pourquoi la fabrication en série rend-elle les objets accessibles à plus de monde ?
3. Les formes de l'Art nouveau sont-elles **stylisées** ?

VOCABULAIRE
fabriquer en série → fabriquer en multiples exemplaires à partir d'un modèle unique (par exemple par moulage).

végétal → qui a un rapport avec les plantes, ou qui représente des plantes.

Le XIXe siècle

Les XXe et XXIe

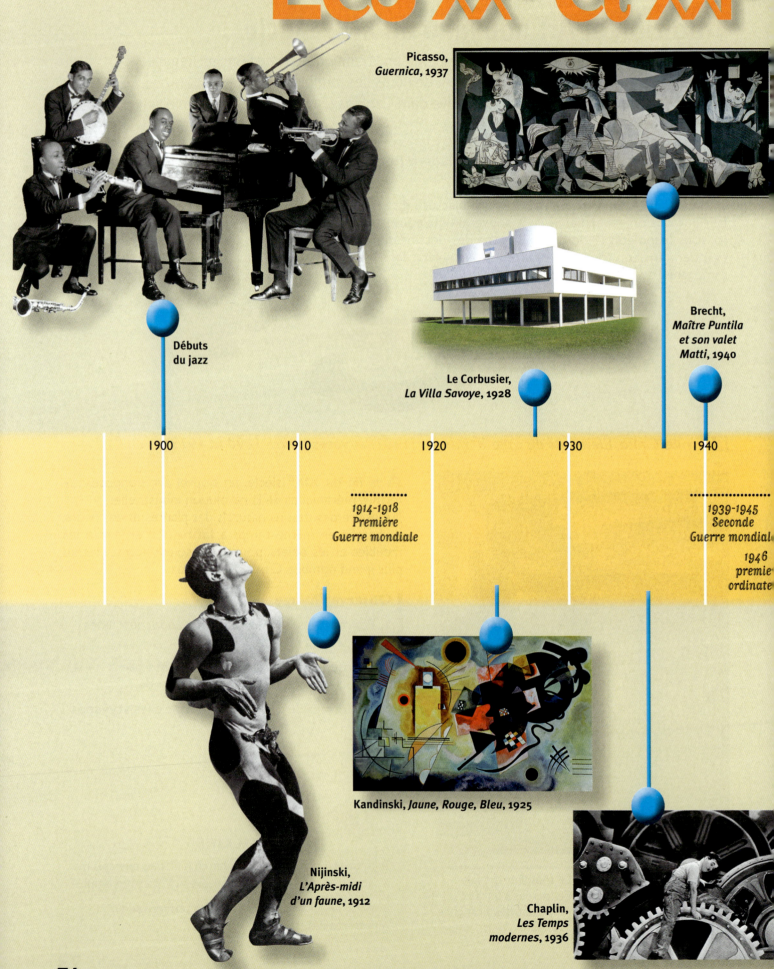

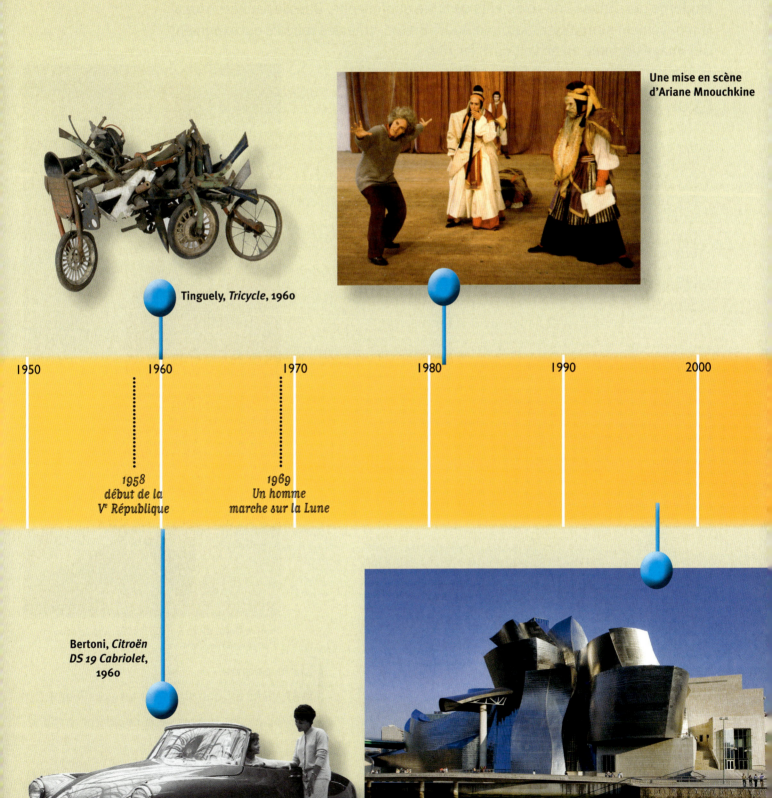

siècles

Une mise en scène d'Ariane Mnouchkine

Tinguely, *Tricycle*, 1960

| 1950 | 1960 | 1970 | 1980 | 1990 | 2000 |

1958
début de la
Ve République

1969
Un homme
marche sur la Lune

Bertoni, *Citroën DS 19 Cabriolet*, 1960

Gehry, *Musée Guggenheim*, Bilbao, 1997

75

Les arts du langage

La poésie : modernisme et surréalisme

Au début du XXe siècle, Guillaume Apollinaire cherche à créer une poésie **moderne** qui s'inspire des éléments de la vie quotidienne. Dans les années 1920, le mouvement **surréaliste**, autour d'André Breton, crée des œuvres qui expriment des images comme on en voit dans les rêves.
Paul Eluard est un des principaux poètes du groupe.

A Un poème d'Apollinaire

> J'ai vu ce matin une jolie rue dont j'ai oublié le nom
> Neuve et propre du soleil elle était le clairon
> Les directeurs les ouvriers et les belles sténo-dactylographes
> Du lundi matin au samedi soir quatre fois par jour y passent
> Le matin par trois fois la sirène y gémit
> Une cloche rageuse y aboie vers midi
> Les inscriptions des enseignes et des murailles
> Les plaques les avis à la façon des perroquets criaillent
> J'aime la grâce de cette rue industrielle
> Située à Paris entre la rue Aumont-Thiéville
> et l'avenue des Ternes.
>
> Guillaume Apollinaire, extrait de « Zone »,
> dans *Alcools*, 1913, © Gallimard.

Lis le poème.

1. De quoi parle-t-il ? Quels mots le prouvent ? Ce sujet te paraît-il poétique ?
2. Penses-tu qu'une rue industrielle puisse avoir de la beauté ?

B Un poème d'Eluard

> Les poissons, les nageurs, les bateaux
> Transforment l'eau.
> L'eau est douce et ne bouge
> Que pour ce qui la touche.
>
> Le poisson avance
> Comme un doigt dans un gant,
> Le nageur danse lentement
> Et la voile respire.
>
> Mais l'eau douce bouge
> Pour ce qui la touche,
> Pour le poisson, pour le nageur, pour le bateau
> Qu'elle porte
> Et qu'elle emporte.
>
> Paul Eluard, *Les Animaux et leurs hommes,
> les hommes et leurs animaux*, Œuvres complètes,
> tome 1, 1919, Bibliothèque de la Pléiade © Gallimard.

Robert Delaunay, *La Tour Eiffel*, 1926, musée national d'Art moderne, Paris.

Lis le poème.

3. D'après toi, que signifient les vers 3 et 4 ?
4. Explique les images de la deuxième strophe.

VOCABULAIRE

surréaliste → en art (poésie, peinture), qui produit une œuvre en laissant s'exprimer le rêve et l'inattendu.

Les arts du langage

Le roman et la bande dessinée

Au XXe siècle, les lecteurs sont de plus en plus nombreux. Les techniques évoluent, on peut imprimer beaucoup de livres, même des livres « de poche ». La liste des auteurs est donc très longue. *Le Petit Prince* est l'un des livres les plus lus dans le monde.

A Un roman d'Antoine de Saint-Exupéry : *Le Petit Prince*

Le petit prince, tombé de sa planète, est triste ce soir-là.

C'est alors qu'apparut le renard.
– Bonjour, dit le renard.
– Bonjour, répondit poliment le petit prince, qui se retourna mais ne vit rien.
– Je suis là, dit la voix, sous le pommier…
– Qui es-tu ? dit le petit prince. Tu es bien joli…
– Je suis un renard, dit le renard.
– Viens jouer avec moi, lui proposa le petit prince. Je suis tellement triste…
– Je ne puis pas jouer avec toi, dit le renard. Je ne suis pas apprivoisé.
– Ah ! pardon, fit le petit prince.
Mais après réflexion, il ajouta :
– Qu'est-ce que cela signifie, « apprivoiser » ?

Antoine de Saint-Exupéry, *Le Petit Prince*, 1943 © Gallimard.

Lis le texte.

1. Que répondrais-tu à la question du petit prince (dernière ligne) ?
2. Montre que les deux personnages semblent avoir envie de devenir amis.

B Une bande dessinée de Franquin et Jidéhem : *Gaston Lagaffe*

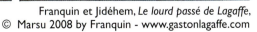

Franquin et Jidéhem, *Le lourd passé de Lagaffe*,
© Marsu 2008 by Franquin - www.gastonlagaffe.com

Lis la bande dessinée.

3. Qu'est-ce qui rend cette bande dessinée amusante ?
4. Récris l'histoire sous forme de récit.

Au XXe siècle, l'illustration se joint au récit, en particulier dans les albums. S'inspirant souvent des techniques du cinéma, la **bande dessinée** est un récit en images.

VOCABULAIRE

une bande dessinée → une suite de dessins qui racontent une histoire.

Les arts du son

Les musiques du XXᵉ siècle

Le XXᵉ siècle est marqué par une très grande diversité en musique.
On a coutume de distinguer deux grandes périodes : la musique **moderne**, dans la première moitié du siècle, et la musique **contemporaine**, de 1950 à nos jours. Par ailleurs, la musique populaire traverse les frontières et bénéficie des nouveaux médias que sont le disque et le cinéma.

A L'évolution de la musique instrumentale en France

Pour Claude Debussy, la musique doit créer des images sonores, des impressions, comme dans son œuvre *La Mer* (1905). Maurice Ravel envisage la musique de la même façon. Son *Boléro* (1928) évoque une danse endiablée en répétant 17 fois le même thème.
De 1906 à la fin du siècle, les musiciens tentent de nombreuses expériences. Olivier Messiaen s'inspire par exemple des musiques orientales ou du chant des oiseaux.
Certains intègrent des bruits à la musique, créent leurs propres objets sonores (Pierre Schaeffer, Pierre Henry). On parle de musique concrète. D'autres utilisent des ordinateurs pour transformer les sons. Pierre Boulez travaille dans ce sens.

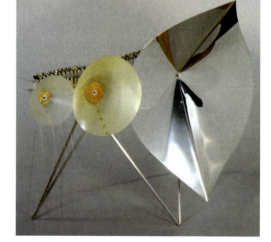

Un instrument de musique de Bernard et François Baschet, *Cristal*, 1980, Cité de la musique, Paris.

Observe l'image.
1. Décris cet instrument de musique.
2. Quels sons peut-il produire, selon toi ?

B Du jazz au rock'n roll

Le **jazz** est né aux États-Unis au XIXᵉ siècle, de la rencontre des chants des Noirs américains, descendants d'esclaves, avec les chants des immigrants venus d'Europe.
Cette musique accompagnait le travail et les prières (Negro spirituals, Gospels) ; elle chantait les difficultés de la vie et l'espoir d'un monde meilleur (Blues).
Au début du XXᵉ siècle, à La Nouvelle Orléans, des groupes se forment pour jouer et chanter des airs rythmés : orchestres de Count Basie, de Duke Ellington, chanteurs célèbres comme Louis Armstrong et Ella Fitzgerald.
Le jazz rencontre des musiques populaires pour donner naissance à la pop music et au **rock'n roll**.
Celui-ci évolue dans plusieurs directions, proche du blues avec Elvis Presley, plus mélodieux et harmonieux avec les Beatles dans les années 1960…, mais toujours contestataire.

Le June Clark jazz band à New York en 1925.

Observe l'image.
3. De quels instruments ces artistes jouent-ils ?
4. Comment voit-on qu'ils jouent une musique rythmée ?

VOCABULAIRE

contemporain → qui est du même temps que : l'art contemporain est l'art de notre époque.

le jazz → une musique créée au début du XXᵉ siècle par les Noirs du sud des États-Unis.

le rock'n roll → de l'anglais « balancer et rouler » : une musique issue du jazz et du folklore, très rythmée, grâce à la guitare électrique et à la batterie.

C Comédies musicales et musiques de films

Une photographie du film *West Side Story*, sur une musique de Leonard Bernstein en 1961.

> **Observe l'image.**
> 5. Que représente cette photographie ?
> 6. Quel type de musique imagines-tu en la voyant ?

La **comédie musicale** est un genre théâtral né aux États-Unis. Le spectacle raconte une histoire mais donne une large place au chant, à la musique, à la danse, comme dans *My Fair Lady* (1956) ou *Cats* (1981). Avec la naissance du cinéma parlant (1927), certains films adaptent ces œuvres. *West Side Story* (1961) en est l'exemple le plus célèbre.
La musique devient peu à peu un élément important des films. Elle est écrite spécialement pour accompagner l'action et créer une atmosphère.

D La chanson

Le chanteur Bénabar en concert au Zénith de Lille en 2008.

De grands **auteurs-compositeurs** apparaissent dans les années 1950 : Georges Brassens, Jacques Brel, Léo Ferré.
De nombreux auteurs-compositeurs poursuivent la tradition de la « chanson à texte », qui parle de la vie, des gens, des joies et des peines ; Georges Moustaki, Claude Nougaro, Jacques Higelin, Renaud ou Bénabar.

Au XXᵉ siècle, les chansons les plus réussies du point de vue artistique sont proches de la poésie par leurs textes et très musicales par leurs mélodies. Charles Trenet, surnommé « le fou chantant », écrit des chansons pleines de poésie. Les interprètes sont souvent plus connus que les auteurs des chansons. Ainsi, Édith Piaf rencontre un immense succès entre 1935 et 1963.

VOCABULAIRE

une comédie musicale → un spectacle ou un film où des scènes sont chantées et dansées.

un auteur-compositeur → une personne qui écrit les paroles d'une chanson et en compose la musique.

Les XXᵉ et XXIᵉ siècles **79**

Les arts du spectacle vivant

La danse au XXᵉ siècle

À partir de 1920, certains danseurs veulent se libérer des règles strictes de la danse classique (page 60). Ils créent une forme de danse plus naturelle et plus expressive. Le tutu est remplacé par des justaucorps mieux adaptés qui mettent en valeur la technique et les mouvements.

A La danse moderne

Au début du XXᵉ siècle, les règles de la danse classique ne sont plus respectées. Les **chorégraphes** demandent à des **compositeurs** d'écrire des musiques : ainsi, Igor Stravinski écrit *L'Oiseau de feu*, *Le Sacre du printemps*, pour Serge de Diaghilev. Au cours du XXIᵉ siècle, les chorégraphes créent leur propre compagnie.

Observe l'image.
1. Compare les mouvements de ce danseur avec ceux de la danseuse, page 60 A.
2. Comment est-il habillé ?

Le danseur étoile Nijinski dans *L'Après-midi d'un faune*, musique de Claude Debussy en 1912.

B La danse contemporaine

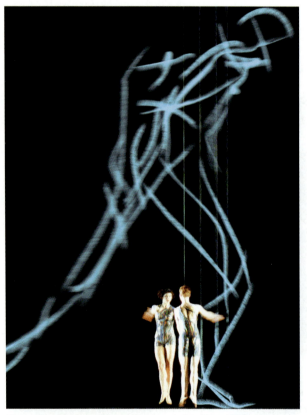

Merce Cunningham Dance Company, *Biped* en 1999.

Dans les années 1950, Maurice Béjart propose des spectacles modernes et faciles à aborder comme *Le Boléro*, sur une musique de Maurice Ravel (page 78).
Les chorégraphies ne racontent pas toujours des histoires. Elles s'inspirent de la vie quotidienne ou de réflexions sur les relations humaines, comme celles de l'Allemande Pina Bausch. L'Américain Merce Cunningham intègre **la technologie informatique** à ses spectacles et crée *Biped* en 1999. Les danseurs réels sont associés à des images virtuelles (créées par ordinateur). Leurs doubles sont projetés sur un écran devant et derrière la scène.

Observe l'image.
3. À quoi te font penser ces personnages ?

VOCABULAIRE
la technologie informatique → ici, images virtuelles créées par ordinateur.

Les arts du spectacle vivant

Le mime

Pour encourager le public à aller à la Comédie-Française et à l'opéra, les spectacles de rues et de foires avaient été interdits au XVIIIe siècle. Les acteurs ne pouvaient plus ni parler, ni chanter. C'est ainsi qu'est né le mime, un spectacle de théâtre muet.

A Le mime au XIXe siècle

J.-C. Deburau en Pierrot voleur, photographie de Nadar (p. 67), 1854.

Les Deburau (le père et le fils) sont des mimes célèbres du XIXe siècle. Ils se produisent à Paris, aux Funambules. Cette petite salle est située boulevard du Temple, appelé aussi boulevard du Crime à cause des « crimes » mis en scène dans ces théâtres.
Jean-Baptiste Deburau (le père) invente le personnage d'un **pierrot** qui raconte des histoires sans paroles. Il est tour à tour médecin, voleur ou bouffon.

VOCABULAIRE

un pierrot → un personnage des spectacles de mime habillé et maquillé de blanc, qui incarne quelqu'un de rêveur.

une gestuelle → un ensemble de gestes ayant une signification.

B Le mime au XXe siècle

Le mime Marceau en Pierrot.

Au XXe siècle, le mime Marceau est le successeur le plus connu de Deburau. L'un de ses personnages, Bip, est un pierrot naïf qui se fait souvent tromper. Pour raconter les aventures de ses héros, décrire leurs émotions, Marceau développe un travail sur la **gestuelle** du corps et l'expression du visage.

Regarde l'image A.

1. Décris le mime : son costume, son maquillage.
2. À ton avis, qu'est-il en train de faire ?

Regarde l'image B.

3. Décris le mime : son costume, son maquillage.
4. Qu'est-il en train de faire, à ton avis ?

Les XXe et XXIe siècles

Les arts du spectacle vivant

Le théâtre engagé

Bertolt Brecht (1898-1956) est un auteur dramatique allemand. Dans son théâtre, les scènes sont interrompues par des moments où les acteurs s'adressent directement au public pour présenter ce qui va se passer. Des chants aident à exposer l'histoire ; le décor est simple et sobre.
Le théâtre de Brecht est **engagé** : il veut faire réfléchir sur la condition humaine.

■ **Bertolt Brecht :** *Maître Puntila et son valet Matti*

Maître Puntila est un riche propriétaire en Finlande. Il administre son domaine et ses gens parfois gentiment, parfois cruellement. Son chauffeur, Matti Altonen, l'accompagne partout. Il résiste à la cruauté de son maître mais aussi à ses gentillesses car il sait que Puntila peut changer très vite.

Scène 1
PUNTILA, *apercevant Matti* : Qui es-tu ?
MATTI : Je suis votre chauffeur.
PUNTILA, *méfiant* : Qu'est-ce que tu es ? Répète !
MATTI : Je suis votre chauffeur.
PUNTILA : Tout le monde peut dire ça. Je ne te connais pas.
MATTI : Peut-être ne m'avez-vous jamais bien regardé, ça fait seulement cinq semaines que je suis chez vous.
PUNTILA : Et maintenant d'où viens-tu ?
MATTI : De dehors. J'attends depuis deux jours dans la voiture.
PUNTILA : Dans quelle voiture ?
MATTI : Dans la vôtre.
PUNTILA : Ça me paraît drôle. Tu peux le prouver ?

MATTI : Et je n'ai pas l'intention de vous attendre dehors plus longtemps, sachez-le bien. J'en ai jusque-là. Vous ne pouvez pas traiter un homme de cette façon.
PUNTILA : Qu'est-ce que ça veut dire : un homme ? Tu es un homme ? Avant tu as dis que tu es un chauffeur. On nage dans les contradictions, avoue-le !

D'après Bertolt Brecht,
Maître Puntila et son valet Matti, 1940 © L'Arche Éditeur, Paris, 1983, traduit de l'allemand par Michel Cadot.

Puntila dans une baraque pour les bains.   Matti

Mise en scène d'Omar Porras en avril 2008.

Regarde l'image.
1. Qu'est-ce qui montre que la conversation n'est pas drôle entre Matti et son maître ?
2. Le chauffeur se laisse-t-il dominer par Puntila ?

Lis l'extrait.
3. Quelle sorte de maître est Puntila ?
4. Que veut faire Brecht en le montrant ainsi ?

 VOCABULAIRE

engagé → qui prend position, exprime son avis sur des problèmes politiques ou sociaux.

82

Les arts du spectacle vivant

Le théâtre réinventé

Au XXe siècle, le théâtre est devenu populaire. De grandes salles sont créées, certaines sont **subventionnées**. Des compagnies comme le Théâtre du Soleil inventent des spectacles où elles utilisent le mime, la comédie, la tragédie, l'opérette, les marionnettes… Le théâtre du XXe et du XXIe siècle s'inspire aussi des réalisations venues d'autres pays.

A De nouvelles formes théâtrales

Ariane Mnouchkine, *1791*, Théâtre du Soleil en 1971, mise en scène de Roberto Moscoso, costumes de Françoise Traunafond.

En 1971, pour son premier spectacle intitulé *1789*, Ariane Mnouchkine propose aux comédiens de supprimer la scène traditionnelle et de la remplacer par des estrades reliées.
Le public est debout entre les estrades ou assis sur des gradins. Les comédiens viennent jouer tout près des spectateurs. L'expérience se poursuit avec *1791*.

> **Observe l'image.**
> 1. Quel est le titre de cette pièce de théâtre ? De quoi parle-t-elle ?
> 2. Qu'est-ce qui sert de scène ? Où sont les spectateurs ?

B Un théâtre inspiré d'autres univers

En 1981, Ariane Mnouchkine met en scène une pièce de l'Anglais William Shakespeare, *Richard II*. Le jeu et les costumes sont inspirés du théâtre et du cinéma japonais.

Une répétition à la Cartoucherie de Vincennes en 1981.

> **Observe l'image.**
> 3. Les acteurs de la pièce de Shakespeare sont à droite. Comment sont-ils représentés ?
> 4. Que fait la **metteure en scène** à gauche ?

VOCABULAIRE

une subvention → une somme d'argent donnée par l'État à une personne ou à une association pour lui venir en aide.

un metteur en scène → une personne qui dirige la réalisation d'un film, d'une pièce de théâtre, d'un spectacle.

Les XXe et XXIe siècles **83**

Les arts du spectacle vivant

Le cirque

Le **cirque** est un spectacle qui comporte des numéros de jongleurs, d'acrobates, de trapézistes, de clowns... Il propose aussi des numéros avec des animaux (chevaux, chiens) et, depuis la fin du XIXe siècle, avec des animaux sauvages (lions, éléphants...).
Il est accompagné par un orchestre et se termine par une parade.
À partir de la seconde moitié du XXe siècle, le spectacle comporte de la danse, du sport, du théâtre ; on y raconte une histoire.

A Le cirque traditionnel

Un spectacle du cirque Bouglione en 1974.

Observe l'image A.

1. Repère le chapiteau, la piste.
2. De quel numéro s'agit-il ?

Observe l'image B.

3. Comment est la lumière ? Quel travail technique est réalisé ?
4. Compare avec l'image A. Laquelle fait le plus penser à du cinéma ? Pourquoi ?
5. À ton avis, pourquoi les animaux apparaissent-ils moins dans le cirque **contemporain** ?

B Le cirque contemporain

Un spectacle du cirque du Soleil en 2004.

Depuis 1980, de nombreuses compagnies parcourent le monde : Archaos, Le Théâtre du Soleil, Cirque Plume, Cirque Ici, Nikolaus. Leurs spectacles ont souvent un thème : la guerre, l'amour, la religion... que chaque artiste intègre à son numéro.
Un **metteur en scène** et une équipe **technique** donnent l'unité du spectacle : ils choisissent les lumières, les costumes, les décors.
Les scènes animalières sont rares.

VOCABULAIRE

le cirque → 1. un spectacle qui comporte plusieurs numéros ; 2. l'ensemble des installations où ce spectacle a lieu.

la technique → l'ensemble des moyens employés pour réaliser un spectacle.

 Les arts visuels

Le fauvisme et le cubisme

En trois ans, deux mouvements issus de l'impressionnisme révolutionnent la peinture en la libérant des règles du **réalisme**. Le fauvisme (1905) libère la couleur et le cubisme (1907) libère le dessin. Ce n'est plus la ressemblance qui compte, mais **l'émotion** de l'artiste.

A André Derain, *Pont sur le Riou*
Huile sur toile - 82,6 cm x 101,6 cm - musée d'Art moderne, New York - 1906

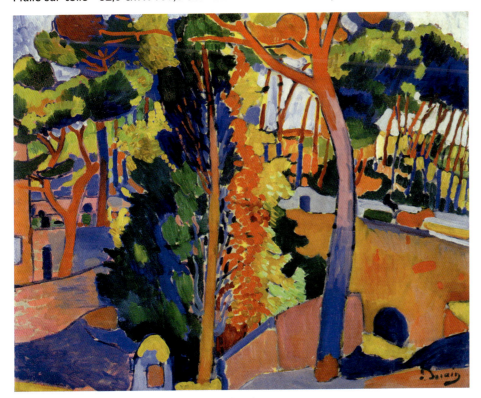

Le peintre a changé les couleurs réelles des choses.

Il y a de forts contrastes entre les **couleurs chaudes** et les **couleurs froides**.

Observe l'image.
1. Lis le texte ci-dessous : quel lien y a-t-il entre « fauve » et « rugissant » ?
2. Quelles sont les couleurs réalistes ? Quelles couleurs ne le sont pas ?

Il n'y a pas d'ombre dans la peinture fauviste ; il y a pourtant beaucoup de lumière qui ne vient que de la couleur. Un **critique d'art**, se moquant des couleurs « rugissantes » des peintures de Derain et de ses amis, les traite de « fauves » : cela amuse ces peintres qui décident de s'appeler eux-mêmes ainsi.

B Pablo Picasso, *L'Homme à la clarinette*
Huile sur toile - 0,69 cm x 1,05 m - collection suisse Thyssen-Bornemisza, Madrid - 1911

Pour réaliser ce tableau, Pablo Picasso ramène ce qu'il voit à des formes simples : ronds, carrés, cubes, cylindres… Il s'inspire ainsi de Cézanne (page 71).

VOCABULAIRE

une émotion → une sensation ou un sentiment agréable ou désagréable.

une couleur chaude → une couleur proche des couleurs du feu : rouge, orange, violet-rouge, jaune d'or…

une couleur froide → une couleur proche de celles de l'eau froide (mer) : bleu, vert, violet-bleu…

un critique d'art → un connaisseur qui donne son opinion sur une œuvre d'art.

Les XXe et XXIe siècles **85**

Les arts visuels

L'art abstrait

Au début du XXe siècle, l'émotion est essentielle dans l'œuvre d'art : il est alors possible de créer des peintures qui émeuvent même si elles ne représentent rien de reconnaissable. C'est ce que vont réaliser les peintres **abstraits** à la suite de Vassili Kandinsky en 1910.

■ Vassili Kandinsky, *Jaune-Rouge-Bleu*
Huile sur toile - 1,28 m x 2,01 m - musée national d'Art moderne, Paris - 1925

À gauche, des lignes droites et des formes dures, en jaune et brun sur fond violet et bleu.

À droite, des lignes courbes et des formes molles, en violet et bleu sur fond jaune et brun.

La musique ne représente rien de reconnaissable et pourtant elle est capable de nous émouvoir. Kandinsky, ici, essaie de réaliser la même chose en peinture. Il cherche une **harmonie** entre les formes abstraites, comme le musicien cherche l'harmonie entre les sons.

Observe l'image.

1. Certaines œuvres abstraites présentent aussi des formes **figuratives**.
   Peux-tu voir un visage, un phare ? Autre chose ?
2. Toutes les formes de gauche sont-elles droites et raides ? Toutes celles de droite sont-elles courbes et molles ?
3. Recherche des **lignes de force**. Laquelle est la plus importante : horizontale, verticale, diagonale ?

VOCABULAIRE

l'harmonie → l'accord, les bonnes relations entre des personnes ou des formes.

Les arts visuels

L'art et la guerre

Les peintres ont toujours peint les batailles, à la demande des vainqueurs, pour les glorifier. Au XXe siècle, de leur propre initiative, certains artistes choisissent de représenter les guerres de leur temps. Ils veulent en montrer l'horreur.

A Pablo Picasso, *Guernica*
Huile sur toile - 7,82 m x 3,51 m - musée du Prado, Madrid - 1937

En 1937, Picasso apprend le bombardement de la ville espagnole de Guernica par l'aviation de l'Allemagne nazie. Comme il n'en a pas été témoin, il ne le représente pas, mais décide de montrer seulement la violence, la douleur et la panique.

Observe l'image.

1. Recherche et décris tous les éléments du tableau.
2. Cette œuvre ne montre que des femmes, des enfants et des animaux. Où sont les hommes ?

B Max Ernst, *L'Europe après la pluie*
Huile sur toile - 54 x 145 cm - collection privée, Hartford - 1942

Observe l'image.

3. Lis le titre de l'œuvre. D'après l'état du paysage, quelle sorte de pluie vient de tomber ?

Max Ernst est un artiste **surréaliste**. Il cherche à représenter le monde d'une façon **fantastique**. Il crée un monde mi-**abstrait**, mi-**figuratif**, qui évoque les désastres de la guerre.

VOCABULAIRE
fantastique → créé par l'imagination.

Les XXe et XXIe siècles

Les arts visuels

La sculpture : abstraction et figuration

L'**abstraction**, qui vient de la peinture, intéresse beaucoup les sculpteurs du XXe siècle. Elle leur permet de retrouver la simplicité et la force des œuvres des **arts premiers**. Certains artistes continuent cependant à travailler la **figuration**, qu'ils renouvellent totalement.

A Brancusi, *L'Oiseau dans l'espace*
Bronze poli sur marbre et calcaire - hauteur : 1,94 m - musée national d'Art moderne, Paris - 1941

B Brancusi, *Le Coq gaulois*
Bronze poli sur marbre et bois - hauteur : 1,04 m - musée national d'Art moderne, Paris - 1935

Les formes sont totalement **épurées**. Le titre aide à comprendre de quoi il s'agit.

Le bronze est tellement poli que l'œuvre réfléchit comme un miroir. Cela lui donne un air précieux.

> **Observe les images A et B.**
> 1. À quelle partie d'un oiseau ou d'un coq réels te font penser les sculptures de Brancusi ?
> 2. Parmi les mots suivants, lesquels te semblent qualifier le mieux l'impression que donnent ces deux sculptures : *léger - lourd - dynamique - statique - réaliste - stylisé*.

Brancusi, comme beaucoup d'artistes de sa génération, s'inspire des formes **stylisées** des arts traditionnels africains ou océaniens. Elles lui apprennent à ne représenter que l'essentiel. Il sculpte également les socles, qui, pour lui, font totalement partie de l'œuvre ; pour cela, il utilise des matières et des formes qui mettent en valeur la sculpture.

C Alberto Giacometti, *Buste de Diego*
Bronze - hauteur : 40 cm - musée national d'Art moderne, Paris - 1954

Cette sculpture était en terre avant d'être coulée en bronze. On y remarque les traces des doigts et des outils de l'artiste.
Il veut en effet qu'on voie sur son œuvre aussi bien le résultat (le portrait ressemblant du modèle) que le travail qui a permis d'y parvenir.

VOCABULAIRE

l'abstraction → l'ensemble des œuvres de l'art abstrait.

un art premier → un art qui appartient à une société orale et traditionnelle.

la figuration → l'ensemble des œuvres de l'art figuratif.

épurer → rendre plus pur en éliminant tout ce qui n'est pas essentiel.

 Les arts visuels

L'art et l'objet

Quand un objet est usagé et qu'il a perdu son utilité, on dit souvent qu'il « ne sert plus à rien ». En 1913 déjà, Marcel Duchamp n'est pas de cet avis. Cet objet peut encore servir à une des choses les plus importantes pour l'homme : imaginer, rêver ou raconter des histoires.

A Marcel Duchamp, *Roue de bicyclette*
Métal, bois peint - hauteur : 1,26 m - musée national d'Art moderne, Paris - 1913

Le haut de la sculpture est une roue de bicyclette fixée à l'envers. Elle peut tourner. Elle n'a pas de pneu.

Le bas de la sculpture est un tabouret blanc. Il sert de socle à la roue.

Quand Marcel Duchamp regarde tourner la roue de sa bicyclette, elle lui rappelle un soleil qui rayonne. Il la trouve donc belle. Il dit que c'est une belle **sculpture**. Le premier, il réalise une œuvre d'art pour laquelle il n'a pas tout construit de ses propres mains. Il nomme ce nouveau type d'œuvre un **ready-made**.

Observe l'image.
1. À quoi cette œuvre peut-elle faire penser d'autre ?
2. Choisis, autour de toi, un objet fabriqué par l'homme et cherche à quelle chose naturelle il te fait penser.

B Jean Tinguely, *Tricycle* - Fer, métaux de récupération - vers 1960

Observe l'image.
3. Qui pourrait conduire une telle machine ? Imagine et raconte.

En 1960, des artistes, lassés de **l'abstraction**, reviennent sur l'expérience de Duchamp (image A). Ils créent des œuvres à partir d'objets de **récupération**.

VOCABULAIRE

ready-made → « déjà fait » en anglais ; œuvre faite d'objets déjà existants.

la récupération → la réutilisation d'un objet.

Les XXe et XXIe siècles

Les arts visuels

Le cinéma

Le cinématographe est inventé en 1895. Il devient si populaire qu'on le nomme très vite, plus simplement, cinéma, ou même ciné. Il est longtemps considéré comme un simple **divertissement**. Il faut attendre les années 1960 pour qu'il soit reconnu comme un art à part entière.

■ **Charlie Chaplin**, *Les Temps modernes* - 1936

| L'image est en noir et blanc. | Le décor construit pour le film est très grand et imposant. | Charlot semble être englouti par la machine. |

Le cinéma est un **art mécanique**, comme la photographie. En montrant vingt-quatre photographies fixes par seconde, il donne à l'œil l'impression que les images sont en mouvement. Les premiers films sont **documentaires**. Les films de fiction sont créés dès 1900. Ils constituent l'essentiel du grand succès populaire du cinéma.

Observe l'image.

1. Que veut montrer Charlie Chaplin ? Pour lui, comment sont les temps modernes ?
2. Compare cette image aux œuvres de la page 89. Qu'y a-t-il de commun entre elles ?
3. Au cinéma comme au théâtre, il y a des décors, des acteurs, un scénario, des effets spéciaux… Quelles sont leurs plus grandes différences ?

VOCABULAIRE

un divertissement → une occupation qui détourne la pensée des problèmes essentiels.

un art mécanique → un art qui produit des œuvres à l'aide d'une machine (appareil photo, caméra…).

documentaire → qui montre la réalité telle que l'artiste (dessinateur, photographe, cinéaste) l'a vue.

 *Les arts visuels*

Photographie documentaire et de reportage

Au milieu du XXe siècle, la photographie est plus que centenaire (page 67). Les photographies **documentaires** en noir et blanc sont parmi les premières à être reconnues comme des œuvres d'art.

A Robert Doisneau, *Les Frères* - Photographie - 1934

Au premier plan, deux « frères » à béret marchent sur les mains. Au deuxième plan, deux « frères » à casquette les regardent, bien stables sur leurs pieds.

Les photographies de Robert Doisneau veulent montrer le quotidien de son époque. Ses images paraissent prises sur le vif. En réalité, il fait presque toujours poser ceux qu'il prend en photo.
À droite, le **cadrage** coupe une trottinette et renvoie sa roue avant **hors champ**. L'image est légèrement penchée, ce qui renforce le déséquilibre des enfants acrobates.

Observe l'image.
1. Trouve d'autres éléments qui sont placés hors champ.
2. Qu'est-ce qui permet de penser que les personnages ont sans doute posé ?

B Raymond Depardon, *Des Peuls (hommes et enfants) au Niger, Afrique* - Photographie - 1999

Observe l'image.
3. D'où la photographie est-elle prise ?
4. Qu'aperçoit-on en bas à droite ?

Au XXe siècle, la photographie est très utilisée pour réaliser des **reportages** sur des sujets d'actualité (jeux Olympiques, guerres...). Raymond Depardon en a réalisé beaucoup dans le monde entier.

VOCABULAIRE

un cadrage → action de cadrer, c'est-à-dire choisir dans le viseur ce que l'appareil doit prendre en photo.

hors champ → ce qu'on imagine au-delà du cadre.

un reportage → une enquête faite par un photographe, un journaliste.

Les XXe et XXIe siècles

Les arts du quotidien

L'affiche Art déco

À partir des années 1930, le mouvement **Art déco** définit pour longtemps les principes de l'affiche. D'une part, elle doit communiquer un message de façon parfaitement précise et claire. D'autre part, l'image doit être totalement au service du texte.

■ **Cassandre,** *Le Normandie* - Affiche - 1935

Le paquebot est montré de face, selon une forte **frontalité**. Les formes sont légèrement stylisées et épurées.

La symétrie centrale est presque totale. Seuls trois éléments ne sont pas symétriques : la fumée de la cheminée, le drapeau, et le groupe d'oiseaux.

Le texte s'inscrit exactement dans la largeur de la coque du paquebot.

Observe l'image.

1. Trouve l'**axe de symétrie** sur l'image et les éléments symétriques de part et d'autre de l'axe.
2. Parmi les éléments suivants, lesquels dynamisent l'image : le drapeau, les oiseaux, la symétrie, le texte ? Trouves-tu d'autres éléments ?
3. Où se situe celui qui regarde l'affiche : au-dessus ou en dessous du pont du bateau ? Quelle impression cela donne-t-il ?

Cassandre crée des formes stylisées qui permettent une lecture facile de l'image et une compréhension immédiate de l'affiche. Il dit qu'il souhaite créer « un choc, un coup de poing » sur le spectateur.
Le groupe d'oiseaux donne l'échelle : ce bateau est énorme !
Il prend tout l'espace de l'image, ce qui renforce sa **monumentalité**. Cette affiche veut donner avant tout l'impression d'un bateau très puissant et stable.

Vocabulaire

l'**Art déco** → le style qui se développe surtout en architecture et dans les arts du quotidien « décoratifs » à partir des années 1920.

la **frontalité** → la vue de face, sur un plan vertical, de « front ».

la **monumentalité** → ce qui donne une impression de monument, qui paraît énorme.

Les arts du quotidien

Le design industriel

À partir de 1950, les industriels comprennent que quand un objet est beau, il se vend mieux. Le terme anglais « **designer** » apparaît alors. Il nomme l'artiste qui donne ses formes à chaque objet utilitaire et qui se fait désormais connaître en signant son travail.

A Flaminio Bertoni, *Citroën DS 19 Cabriolet*
Salon de l'automobile de 1960

Le pare-brise est légèrement penché vers l'arrière.

La carrosserie est brillante, et renvoie les reflets de son environnement, comme un miroir.

L'avant est très allongé et pointu.

> **Observe l'image.**
>
> 1. Parmi les mots suivants, lequel, selon toi, montre le plus de ressemblances avec la DS 19 :
>   *balle de revolver, poisson, grenouille, bateau, fusée* ?
>   Explique ta réponse. Trouve d'autres mots. Qu'est-ce que ces mots ont en commun ?

Pour dessiner la carrosserie de la DS 19, en 1955, Flamino Bertoni réalise des essais en **soufflerie**. Il invente les formes **aérodynamiques** de la voiture, pointues pour une meilleure pénétration dans l'air. Cette invention est nouvelle pour l'époque et la DS connaîtra un grand succès commercial.

B Philippe Stark, *Brosse à dents* - Années 1990

Philippe Starck dit qu'il veut que ses objets deviennent « des signes forts, des surprises ». Il crée donc une gamme de brosses à dents aux formes et aux couleurs qui les transforment en éléments de décoration. Elles ne perdent rien de leur fonction première : brosser les dents.

> **Observe l'image.**
>
> 2. Feuillette les pages du XXe siècle de ce manuel : à quelle œuvre l'objet **B** te fait-il penser ?

VOCABULAIRE

le design → (mot d'origine anglaise) la création d'objets en série à la fois fonctionnels et décoratifs ; le **designer** est un artiste du design.

une soufflerie → une installation permettant d'étudier les mouvements de l'air propulsé à grande vitesse.

aérodynamique → dont la forme effilée permet de se déplacer rapidement dans l'air.

Les XXe et XXIe siècles

Les arts de l'espace

L'architecture collective et individuelle

Au XXᵉ siècle, un nouveau matériau est utilisé en architecture : **le béton armé**. Il permet de créer des formes originales. Pour d'autres édifices, les **architectes** poussent si loin la recherche de la légèreté du métal et de la transparence du verre qu'ils finissent par ne plus utiliser la moindre pierre ou brique.

A Le Corbusier, *Villa Savoye, Poissy* (Yvelines) - 1928-1931

L'architecte Le Corbusier a été l'un des premiers à concevoir la forme de ses bâtiments à partir de leur **fonctionnalité** : ainsi, dans cette maison, les **pilotis** ont été inventés pour créer un abri à la voiture ; au-dessus, dans l'espace d'habitation, de larges fenêtres en bandeaux procurent un éclairage maximal.
C'est le béton armé qui permet une telle construction.

B Renzo Piano et Richard Rogers, *Centre Pompidou,* Paris - 1976

De grands câbles, tendus entre de grands pieux plantés au sol, assurent la solidité du bâtiment.

Un escalator extérieur dessert les cinq étages.

Observe l'image.

1. Quels sont les matériaux utilisés : métal, pierre, briques, verre ?
2. Quelle impression cela donne-t-il : légèreté ou lourdeur ?

Le Centre Pompidou est un grand musée d'art moderne. Les architectes ont voulu qu'il soit le plus transparent possible. Ainsi, les œuvres et le public sont visibles de l'extérieur.
De l'intérieur, on peut admirer la ville et la vie de tous les jours en même temps que les œuvres.

VOCABULAIRE

le béton armé → un matériau de construction formé de ciment mélangé à des cailloux et coulé sur une structure métallique.

la fonctionnalité → le caractère pratique d'un objet.

un pilotis → une colonne enfoncée en terre, qui supporte une habitation.

Les arts de l'espace

L'architecture contemporaine et future

À la fin du XXe siècle et au début du XXIe siècle, l'utilisation de matériaux très légers permet une grande liberté des formes. De nouvelles contraintes s'imposent aux architectes **contemporains** : respecter les principes du développement durable dans leurs constructions.

A Franck Gehry, *Musée Guggenheim*, Bilbao - 1997

> **Observe l'image.**
>
> 1. Franck Gehry dit qu'il s'est inspiré des œuvres de Cézanne (page 71) et de Picasso (page 85) pour réaliser son édifice. À quoi le vois-tu ici ?
>
> 2. Ce monument te plaît-il ? Pourquoi ?

Les formes ondulées et inhabituelles de cet édifice n'ont pu être construites que grâce à deux nouveautés en cette fin de XXe siècle : l'ordinateur, qui en a calculé les courbes et la solidité ; le **titane**, métal plus léger et plus **plastique** que l'acier utilisé jusque-là.

B Jean Nouvel - *Tour Signal*, quartier de la Défense, Paris

Maquette - 2008 - dimensions de l'édifice réel (prévu pour 2013) : 300 m

Avant de construire, l'architecte fabrique une maquette. Ici, elle montre comment la tour répondra aux contraintes **environnementales** commandées par le gouvernement français.

> **Observe l'image.**
>
> 3. Quelle sera la hauteur de la tour ?
>
> 4. Compare cette tour aux trois autres architectures contemporaines pages 94 et 95 : que peux-tu en dire ?

VOCABULAIRE

le titane → un métal blanc et brillant, résistant et plus léger que l'acier.

plastique → qui peut changer de forme, se déformer.

environnemental → qui concerne et protège l'environnement (le cadre de vie).

Les XXe et XXIe siècles

Crédits photographiques

Pp. 2 ht : SCALA Photo ; m. : RMN/Archives ALINARI/Nicolas CSE ; b. : AKG Images/Eric Lessing ; 3 ht : BNF ; m. : CIT'IMAGES/CIT'EN SCENE/Benoîte FANTON ; b. g. : RMN/Photo CNAC/MNAM/Droits Réservés, (c)adagp Paris 2009 ; b. dr. : CORBIS/HEMIS ; 6 dr. : BIS/Archives Nathan ; 6 g. : SCALA Photo ; 7 : EYEDEA/Explorer-Keystone/J&C. LENARS ; 8 : BIS/C. ROUX/Archives Larbor ; 9 dr. : RMN/Jean SCHORMANS ; 9 g. : RMN/Gerard BLOT ; 10 dr. : FOTOLIA/Jeanphilippe Delisle ; 10 g. : COMPOINT Stéphane ; 11 bas : BIS/Archives Nathan ; 11 ht dr. : RMN/Franck RAUX ; 11 ht g. : THE PICTURE DESK/Art Archive/Dagli-Orti ; 12 dr. : THE PICTURE DESK/Dagli-Orti ; 12 g. : EYEDEA/TOP/Hervé CHAMPOLLION ; 13 : AKG Images/Eric Lessing ; 15 bas : Droits Réservés ; 15 ht g. : RMN ; 15 ht m. g. : RMN ; 15 ht m. dr. : RMN ; 15 ht dr. : BRIDGEMAN-GIRAUDON ; 16 : BIS/Archives Nathan ; 17 dr. : RMN/Daniel Arnaudet/Jean Schormans ; 17 g. : THE PICTURE DESK/Gianni DAGLI-ORTI ; 18 : URBA IMAGES/AIR IMAGES/P. GUIGNARD ; 19 : FOTOLIA/Olivier Tuffé ; 20 bas : EDITION L'INSTANT DURABLE ; 20 ht : THE PICTURE DESK/Gianni DAGLI-ORTI ; 21 : RMN/Gérard BMOT/Jean SCHORMANS ; 24 bas : EYEDEA/Top/Catherine BIBOLLET ; 24 ht : EYEDEA/Rapho/Georg GERSTER ; 25 ht : PHOTO12/ALAMY ; 26 bas g. : EYEDEA/Hoa-Qui/Fred. Thomas ; 26 ht dr. : FRANCEDIAS.COM/A. J. Cassaigne ; 26 ht g. : CORBIS/Eye Ubiquitous/Cris BLAND ; 27 bas : EYEDEA/Age/Otto WERNER ; 27 ht : SUNSET/Rex Interstock ; 28 bas : PHOTO12/ALAMY/Petr Bonek ; 28 ht : AKG-Images/ Eric Lessing ; 29 : BIS ; 30 : BIS ; 31 : RMN/Franck RAUX ; 32 : BIBLIOTHEQUE MUNICIPALE DE LAON ; 33 bas : BNF ; 33 ht : PHOTO12/ORONOZ ; 34 bas : BIS/Archives Nathan ; 34 ht : BRIDGEMAN-GIRAUDON ; 35 : BIS ; 36 bas : BIS ; 36 ht : RMN/Archives ALINARI/Nicolas CSE ; 37 : AKG-Images ; 40 dr. : AKG Images/Eric Lessing ; 40 g. : RMN/Archives ALINARI/Nicola CSE ; 41 bas : AKG Images ; 41 ht : BIS/ Archives Nathan/F. Hanoteau ; 42 : FOTOLIA/Bobroy20 ; 43 bas : BIS/Hubert Josse/Archives Larbor ; 43 ht : RMN/Daniel Arnaudet ; 44 : MAXPPP/Stephane Mortagne ; 45 bas : BIS/Archives Larbor ; 45 ht : SIPA PRESS/Etoiles ; 46 : FOTOLIA/N. Parneix ; 47 : BIS ; 48 : LEEMAGE/Gusman ; 49 dr. : BIS/Archives Larbor ; 49 g. : BIS/Archives Larbor ; 50 : BRIDGEMAN-GIRAUDON ; 51 : BRIDGEMAN-GIRAUDON ; 52 bas : HEMIS/Arnaud CHICUREL ; 52 ht : CORBIS/Hugh ROONEY ; 53 bas : RMN/Gérard BLOT ; 53 ht : FIGARO MAGAZINE/Jean-Christophe MARMARA ; 56 : BIS/Archives Larbor ; 57 : BIS/Archives Larbor ; 58 : BIS/Archives Larbor ; 59 bas : CIT'IMAGES/CIT'EN SCENE/Serge SAURET ; 59 ht : BIS/Archives Bordas/Dïorg Anders ; 60 bas : CORBIS/Robbie Jack ; 60 ht : CIT'IMAGES/CIT'EN SCENE/Benoîte FANTON ; 61 : BIS/Archives Larbor ; 62 : BIS/Archives Larbor ; 63 : BIS/Ph. Josse ; 64 bas : ALTITUDE/Yann-Arthus BERTRAND ; 64 ht : CORBIS/PoodlesRock ; 65 : REA/Berti HANNA ; 66 : BIS/H. Josse ; 67 dr. : BIS/Archives Larbor ; 67 g. : SIPA PRESS / AP ; 68 bas THE PICTURE DESK/Gianni Dagli-Orti ; 68 ht : BIS/Archives Nathan ; 69 dr. : BIS/Scala/Archives Larbor ; 69 g. : BIS/Olivier Ploton ; 70 : BIS/Archives Larbor ; 71 bas : BIS/Walter Dräyer/Archives Larbor ; 71 ht : BIS/Archives Larbor ; 72 : BIS/Archives Larbor ; 73 bas : AKG Images/CDA/Guillemot ; 73 ht : AKG Images/Laurent LECAT ; 76 : RMN/Photo CNAC/MNAM/Droits Réservés, © L&M Services B.V. The Hague 20090301 ; 78 bas : BIS/Frank Driggs Collection/Archives Bordas ; 78 ht : Collection MUSEE DE LA MUSIQUE/cliché Jean-Marc Angles ; 79 bas : Eliot Press/48235 ; 79 ht : THE PICTURE DESK/Kobal Collection ; 80 bas : BERGER Stéphanie ; 80 ht : CORBIS/Bettmann ; 81 dr. : ANDIA PRESSE/Aldo LIVERANI ; 81 g. : RMN/Hervé Lewandowski ; 82 : VANAPPELGHEM Marc ; 83 bas : MAGNUM/Martine FRANCK ; 83 ht : MAGNUM/Martine FRANCK ; 84 dr. : CORBIS/epa/Guildo Benschop ; 84 g. : CORBIS/Marc Garanger ; 85 bas : BIS/Archives Larbor/Succession Picasso ; 85 ht : SCALA Archives ; 86 : CORBIS/Burstein Collection ; 87 bas : MUSEUM IMAGES/Wadsworth Atheneum Museum of Art, Hartford, CT/The Ella Gallup Sumner and Mary Catlin Sumner Collection Fund ; 87 ht : BIS/ORONOZ/Archives Larbor/Succession Picasso ; 88 bas : RMN/Photo CNAC/MNAM/Adam Rzepka, (c)adagp Paris 2009 ; 88 ht dr. : RMN/Photo CNAC/MNAM/Droits Reserves, © adagp Paris 2009 ; 88 ht g. : RMN/photo CNAC/MNAM/Adam Rzepka, (c)adagp Paris 2009 ; 89 bas : RMN/photo CNAC/MNAM/Droits réservés, © adagp Paris 2009 ; 89 ht : RMN/photo CNAC/MNAM/Philippe Migeat/Succession Marcel duchamp, (c)adagp Paris 2009 ; 90 : EYEDEA/Keystone ; 91 bas : MAGNUM Photos/Raymond Depardon ; 91 ht : EYEDEA/Rapho/Robert DOISNEAU ; 92 : BIS/Archives Larbor/Cassandre. All rights reserved ; 93 bas : RMN/photo CNAC/MNAM/Philippe Migeat, © STARCK Philippe ; 93 ht : AKG Images ; 94 bas : AFP/Photononstop ; 94 ht : BIS/Archives Larbor FLC, adagp Paris 2009 ; 95 bas : Maxppp EPAD ; ht : CORBIS/HEMIS.

Couverture :
de haut en bas et de gauche à droite :
Droits Réservés ; BIS/Archives Larbor ; Editions HORAY 1969 ; Marie Thomas ; SHUTTERSTOCK ; Robert Etcheverry ; EYEDEA/GAMMA/Camera Press/OD/ED ; TM & ©WARNER Bros. Entertainment Inc. ; fond Linden Lab/D.R.
Rabat avant de couverture : de haut en bas : BIS/C. ROUX/Archives Larbor ; RMN/Daniel Arnaudet/Jean Schormans ; BRIDGEMAN GIRAUDON ; RMN/Danie Arnaudet.
Rabat arrière de couverture : de haut en bas : CORBIS/Hugh ROONEY ; BIS/Archives Larbor ; CORBIS/Marc Garander ; EYEDEA/Keystone.

Les Éditions Nathan tiennent à remercier Mathias Dreyfuss, responsable du service éducatif du musée d'art et d'histoire du Judaïsme, pour ses précieux conseils.

Édition : Élisabeth Moinard
Coordination artistique : Léa Verdun
Conception graphique : Éric Doxat
Mise en page : Arnaud Lhermitte
Iconographie : Juliette Barjon
Cartographie : Afdec
Illustrations : Armel Ressot
Couverture : Éric Doxat

N° de projet : 10164510 - Dépôt légal : novembre 2009
Imprimé en Italie par Stige